인생은 테니스!

펴낸날 2025년 10월 15일 1판 1쇄

지은이 이동혁
펴낸이 金永先
편집 정아영
디자인 검정글씨 민희라

펴낸곳 이든서재
주소 경기도 고양시 덕양구 청초로 10 GL 메트로시티한강 A1-2002호
전화 (02) 323-7234
팩스 (02) 323-0253
출판등록번호 제 2-2767호

ISBN 979-11-94812-08-1(03690)

> 이든서재와 함께 새로운 문화를 선도할 참신한 원고를 기다립니다.
> 이메일 dhhard@naver.com (원고 투고)

- 이 책은 저작권자와의 계약에 따라 발행한 것이므로 본사의 허락 없이는 어떠한 형태나 수단으로도 이 책의 내용을 사용하지 못합니다.
- 파본은 구입하신 서점에서 교환해 드립니다.

코트 위에서 찾은 삶의 원칙,
52주 멘털 트레이닝 교과서

인생은 테니스!

이동혁 지음

이든서재

이 책을 시작하기 전에

이 책은 흔들릴 때 나를 지탱하는 루틴을 만들어 준다

이 책은 단순히 한 번 읽고 지나가는 책이 아니다.
읽고, 적용하고, 느끼고, 다시 돌아오는 책이다.
처음부터 순서대로 읽을 필요도 없다.
지금 나에게 가장 필요한 챕터부터 펼치면 된다.
한 번에 모든 걸 하려고 애쓰지 않아도 된다.
이번 주엔 이것 하나만 해 보고, 다음 주엔 또 다른 걸 해 보면 된다.
조금 느리게 가도 괜찮다.
천천히, 그러나 깊게.
그리고 무엇보다, 필요할 때마다 다시 꺼내 보자.
경기 중 흔들릴 때, 연습이 지겨울 때, 슬럼프가 찾아올 때
이 책은 나를 다시 세워 주는 루틴이 되어야 한다.

이 책은 '기록하고 성장하는 책'이다

매주 실천한 내용을 기록해 보자.
오늘 어떤 루틴을 적용했는지, 어떤 감정을 다뤘는지,
어떤 선택이 경기 흐름을 바꾸었는지.
그 모든 기록이 쌓이면, 나만의 성장 로그가 된다.
슬럼프가 와도 두렵지 않다.
내가 지금까지 어떻게 성장해 왔는지를
구체적으로 다시 확인할 수 있으니까.
'좀 나아진 것 같아'라는 막연한 느낌이 아니라,
"이런 시도를 통해 이렇게 바뀌었어"라고 말할 수 있는 자신감.
그게 바로 근자감, 근거 있는 자신감이다.
'This week's Action Mission'을 실천하며 자신감을 쌓아가 보자.

가장 중요한 건 결국 '멘털mental'이다

이 책에서 가장 중요하게 다루는 부분은 '멘털'이다.
멘털은 한 번에 성장하는 영역이 아니다.
상황마다 다르게 마주하게 되는 태도다.
어느 날은 그냥 지나쳤던 한 문장이,
다음 경기 전날엔 당신의 멘털을 다시 세워 주는

말이 될지도 모른다.
그럴 때마다 이 책을 다시 꺼내 보면 된다.

가끔은 멈춰 서도 괜찮다

그저 나아가면 된다.
앞으로 한 걸음 나아가도 좋고,
디뎠던 자리에 다시 서 봐도 좋다.
겉보기엔 같은 자리 같아도, 나는 매번 다른 사람이다.
조금씩, 분명히 성장하고 있다.
나를 너무 재촉하지 않아도 된다.
지금 할 수 있는 걸 하나씩 해내면 된다.

이 책이 당신의 테니스와
삶을 더 단단하게 만들어 주길 바란다

포기하고 싶었던 순간을 버텨 낼 힘,
흔들리는 마음을 다잡는 법,
정말 중요한 것에 집중해서 최선을 다하는 태도까지
테니스는 참 삶과 닮았다.

단순히 테니스 실력을 키우는 것을 넘어
나를 이해하고 나만의 루틴을 세우는 여정이 되기를 바란다.

이제, 당신의 루틴을 시작할 시간이다.
천천히, 하지만 분명하게!
바로 오늘부터!

저자 이동혁

차례

이 책을 시작하기 전에   6

PART 1   승부를 결정짓는 사람
이미 게임은 시작됐다

Week 1	감정이 태도가 되면 안 돼!	16
Week 2	긴장, 설렘으로 바꾸면 되지!	21
Week 3	3개월 후의 나를 설계하라	28
Week 4	불가능해 보이는 목표에 도전하라	35
Week 5	잘한 건 스스로 칭찬	43
Week 6	어제보다 나아진 나를 발견하라	49
Week 7	시작하자마자 "못 뛰어!"라고 말하는 너에게	57
Week 8	핑계 대지 마라, 결국은 멘털이다	63
Week 9	끌려가는 사람이 아닌 끌고 가는 사람	71

PART 2 위기의 순간, 더 강해지는 사람
흔들릴 때 나를 회복하는 루틴

Week 10	불안이 몰려올 땐 잔발과 호흡으로 몸을 깨워라	80
Week 11	스매싱 공포, 도망가지 말고 한 발만 버텨라	86
Week 12	부정적 생각엔 생각 채널을 돌려 "Bye!"	92
Week 13	어제는 됐는데 오늘은 안돼? 괜찮아, Let it go!	97
Week 14	"더 이상 늘지 않아요" 이대로 포기하고 싶어질 땐?	102
Week 15	레슨 땐 되는데, 왜 경기만 하면 안될까?	108
Week 16	그냥 안된다고 하지 말고 원인을 찾아라	113
Week 17	못하는 게 아니지, 안 하는 거지!	118
Week 18	뜻대로 되지 않을 땐, Back to the basic	124

PART 3 실력으로 말하는 사람
진짜 실력을 만드는 디테일

Week 19	처음부터 세게 친다? 컨트롤이 먼저!	132
Week 20	스윙이 먼저? No, 다리가 먼저!	137
Week 21	코트 안, 사각형 안에서 노는 법을 익혀라	143
Week 22	과정 없는 결과는 없다, 당신은 어떤 노력을 했는가?	149

Week 23	근거 있는 자신감, 연습한 나를 믿어라!	155
Week 24	테니스 아이큐를 높여라	162
Week 25	기술보다 매너가 먼저, 매너가 실력이다	169
Week 26	작은 느슨함이 쌓이면, 무너지는 건 순간이다	176
Week 27	이기고 지는 것에 목숨 걸지 마라	182

PART 4 나만의 무기로 승부하는 사람
싸움의 기술, 무기를 완성하라

Week 28	정답은 없다, 나에게 맞는 방법이 있을 뿐!	190
Week 29	나만의 데이터를 쌓아라	196
Week 30	진짜 실력을 끌어올리려면? 기억 말고 기록!	202
Week 31	공격형? 수비형? 내 스타일을 찾아라	209
Week 32	공간과 높이를 조절해 타이밍을 훔쳐라	215
Week 33	정확한 한 방은 '정확한 타깃'에서 시작된다	221
Week 34	세게 치는 것 vs 자신 있게 치는 것	227
Week 35	배웠으면 해 봐야지, 해 봐야 알지!	233
Week 36	'칠 생각' 말고, '갈 생각'!	239
Week 37	확실한 나만의 무기로 결정타를 꽂아라	245

PART 5   경기의 흐름을 주도하는 사람
경기를 지배하는 매니지먼트 스킬

Week 38	네트 앞은 전쟁터, 싸움엔 전략이 있어야지!	254
Week 39	상대를 흔들고 생각하게 만들어라	263
Week 40	흐름을 다스리는 자가 결국 승리를 잡는다	272
Week 41	이기는 팀은 대화가 끊이지 않는다	280
Week 42	스트로크에 목숨 걸지 마라	287
Week 43	한 방에 끝내려는 욕심을 버려라	292
Week 44	우물쭈물하는 순간, 기회는 사라진다	298
Week 45	이기고 있는데도 불안하다면?	303
Week 46	끝났다고 생각하는 순간, 진짜 끝난다	310

PART 6   테니스를 넘어, 삶까지 바꾸는 사람
태도가 실력을 완성하는 순간

Week 47	두려운가? 그럴수록 부딪혀 봐라!	318
Week 48	최선의 기준을 새롭게 세워라	323
Week 49	자신감은 단단하게, 태도는 겸손하게!	330
Week 50	사람들과 함께 성장하라	335
Week 51	테니스, 당신의 계절은 분명히 온다	341
Week 52	삶에 도움이 되는 테니스를 즐겨라	346

시작도 전에 무너지는 사람,

코트에 들어가기 전에 이미 경기를 놓치는 사람이 있다.

하지만 반대로, 코트에 발을 딛기 전부터

경기를 준비해 온 사람도 있다.

이들은 감정을 컨트롤하고, 마음을 정돈하며,

경기 흐름의 주도권을 쥐고 들어선다.

이 파트는 경기 시작 전,

당신의 '마음 상태'를 준비하는 실전 멘털 훈련법을 담았다.

이기기 위한 스킬과 전략 이전에

먼저 흔들리지 않는 '나'를 세우는 법부터 시작하자.

테니스는 단순한 기술 싸움이 아니다!

Week 1

감정이 태도가 되면 안 돼!

"누구나 흔들릴 수 있다. 뜻대로 되지 않으면 화가 날 수 있다. 하지만, 감정이 태도가 되면 안 된다. 중요한 건, '어떻게 다시 내 흐름을 회복할 것인가'를 고민하고 선택하는 것이다!"

경기하다 보면 누구나 흔들릴 수 있다. 공 하나가 아쉽고, 작은 실수 하나에도 감정이 올라온다. 주눅 들 수도 있고, 짜증이나 화가 날 수도 있다. 상대방의 행동이 거슬리기도 한다. 그런 감정을 느끼는 건 누구에게나 일어나는 자연스러운 일이다.

문제는 그 감정이 '태도'가 되는 순간이다

"아, 오늘 진짜 왜 이렇게 안돼, 짜증 나네!"

"저 사람 때문에 내 페이스가 다 깨졌잖아."

이런 말들이 그냥 입 밖으로 툭 하고 나와 버리고 짜증스러운 행동과 걸음걸이로 자신의 감정을 표출한다. 특히 너무 쉬운 공에 말도 안 되는 실수를 했을 때, 자신도 모르게 화가 나, "아악~!" 하고 소리를 지르기도 한다. 하지만, 나는 그런 행동에 제재를 가한다.

감정은 누구나 느낀다. 하지만 표현 방식은 다르다. 부정적인 감정이 표정으로 드러나고 말로 나오고 몸의 움직임과 플레이로 번지기 시작하면, 더 이상 그건 '감정'이 아니라 '태도'의 문제다. 그리고 그 순간 경기의 흐름은 내 손을 떠난다. 이런 감정은 나에게만 영향을 미치지 않는다. 파트너와의 호흡은 흐트러지고, 상대에게는 내 멘털이 흔들리고 있다는 신호를 전달해, 그것이 바로 내 약점이 되어 버린다. 경기 중에 부정적인 말, 짜증스러운 몸짓을 드러나는 순간, 그 경기는 절대로 내가 주도할 수 없게 된다.

실수해도 괜찮다. 그 순간, 해야 할 건 감정에 반응하는 게 아니라 '어떻게 다시 내 흐름을 회복할까?'를 고민하는 것이다. 감정은 흐르도록 내버려 두고, 행동은 그 즉시 선택해야 한다.

부정적인 감정, 설렘으로 바꾸는 루틴!

당황하거나 감정을 억누르지 말고, 그냥 흘려보내라. 감정이 올라오는 것을 억지로 참거나 누르려고 하면 더 커진다. 그럴 땐 감정을 억누르려고 애쓰지 말고, '지금 내가 흔들리는 중이구나' 하고 받아들인 뒤, 흘러가게 두면, 그 감정은 자연스럽게 스쳐 지나간다.

1. 다른 생각으로 채워라

감정을 밀어내는 가장 확실한 방법은, 그 자리에 '다른 생각'을 밀어 넣는 것이다.

"왜 이래, 또 못했네" 같은 부정적인 말이나 생각 대신, 나를 다시 일으켜 줄 한마디를 준비해 두자. 예를 들어, "괜찮아, 다음 포인트에 집중하자" "할 수 있어, 파이팅!" "그럴 수 있어, 괜찮아" 이런 말은 단순한 위로가 아니다. 흐름을 잃을 위기의 순간, 경기에 집중하게 하는 '멘털 명령어'이다.

프로 선수들도 실수하면 조용히 스스로 말을 건다. 숨을 고르고, 스트링도 한 번 만지고, 눈을 감고 셀프 토킹 하며 감정을 정리한다. 그 짧은 몇 초가 다음 포인트의 승부를 좌우하기도 한다. 준비해 둔 한마디로 자신을 끌어올려 보자.

2. 감정을 리셋하는 루틴을 실행하라

감정을 리셋하는 루틴은 여러 가지가 있다. 예를 들어 수건으로 얼굴을 닦거나, 스플릿 스텝을 반복하거나, 볼을 세 번 정도 팅기고 숨을 들이쉬는 것도 좋다. 이런 루틴은 나를 '현재의 순간'으로 데려오는 가장 강력한 '리셋' 버튼이다.

테니스는 감정이 드러나는 스포츠다. 한 포인트에 희비가 엇갈리고, 실수 하나에 표정이 무너진다. 하지만 감정이 실력보다 먼저 나가면 경기의 흐름은 이미 기울기 시작한다. 실수는 누구나 한다. 감정도 누구나 느낀다. 하지만 모든 사람이 같은 선택을 하지는 않는다. 누군가는 흐름을 잃고, 누군가는 루틴으로 돌아온다.

그 차이를 만드는 건, '감정이 올라온 그 순간 어떻게 다시 내 흐름을 회복할 것인가?'를 선택할 수 있는가이다. 감정을 관리하는 루틴이 있어야 실력도, 경기력도 살아난다.

This Week's Action Mission

"감정이 올라올 때,
   나를 잡아 주는 루틴 훈련"

- 경기 중 감정이 올라오는 순간을 인식해 보자.
- 그 순간 내가 했던 말이나 행동을 그대로 적어 보자.
- 나만의 긍정 멘트를 정해 두자.

  ex '조금씩, 천천히!'
  　　'괜찮아, 연습했으니 다음 포인트에 해 보지 뭐!'
  　　'좋아지고 있어!'
  　　'지금부터 하나씩'

- 루틴으로 나만의 흐름을 만들어 보자.

  ex 숨 고르기, 볼 튕기기, 발 리듬 반복 등

- 그 순간 파트너에게 어떤 영향을 줬는지 함께 관찰하자.

 ## 긴장, 설렘으로 바꾸면 되지!

"긴장을 없애려고 애쓸 필요는 없다.
진짜 실력자는 긴장을 다룰 줄 아는 사람이다.
중요한 건 그 감정을 어떻게 다루는가다.
긴장을 두려워하지 말고 연료 삼아,
그 힘으로 한 발 더 뛰면 된다. 그게 실력이다."

중요한 경기를 앞두고 긴장하지 않는 사람은 없다. 프로 선수도 예외는 아니다. 문제는 긴장 그 자체가 아니다. 그 긴장을 어떻게 다루고 전환하느냐. 긴장은 우리 몸에 이런 메시지를 보낸다. "집중해, 이건 중요한 상황이야!" 심장은 빨리 뛰고, 손에 땀이 나고, 머릿속이 복잡해져 생각이 뒤엉킨다. 이는 아주 자연스럽고 건강한 반응이다.

하지만 긴장에 휘둘리기 시작하는 순간, 흐름은 무너진다.

'아, 또 떨린다. 이러면 안 되는데…'
'손이 떨려서 서브가 들어갈지 모르겠어'
'또 실수하면 어떻게 하지?'

이런 생각들이 머릿속을 맴돌기 시작하면 긴장은 더욱 고조되고, 여유는 사라진다. 긴장 때문에 더 긴장하는 악순환이 시작된다. 그러면 파트너도 덩달아 긴장한다. 경기에 집중해야 할 에너지를 다른 데 쏟다, 결국 평소 실력의 절반도 발휘하지 못하고 경기를 마치기도 한다.

긴장을 억지로 풀려고 하지 마라. 긴장은 없애야 할 감정이 아니다. 경기를 시작함과 동시에 긴장했다면, 그건 '자, 이제 준비됐어!'라는 몸의 신호가 들어온 것이다. 이때 우리가 해야 할 일은 긴장을 설렘으로 바꾸는 것이다.

긴장은 나를 막는 벽이 아니라, 나를 깨우는 신호다.

이기거나 지거나, 긴장은 늘 찾아온다

긴장은 크게 두 가지 얼굴로 찾아온다. 하나는 '지고 있을 때' 찾아오는 긴장이다. '실수하면 안 돼, 또 지면 어쩌지?' 같은 생각이 머리를 짓누른다. 또 하나는 이기고 있을 때 찾아오는 압박. '이걸 잘 마무리해야 해, 이걸 잘 넘겨야 끝나!'라는 부담이 다리를 무겁게 만든다.

　흥미로운 건 이 두 가지 긴장이 정반대의 상황에서 시작되지만, 결국 똑같은 증상을 만들어 낸다는 것이다. 호흡이 가빠지고, 몸은 굳고, 머리와 몸이 따로 놀기 시작한다.

　때로는 예상치 못한 상황에 긴장이 찾아온다. 경기 중의 수많은 상황, 감정이 다양한 긴장을 만들어 낸다. 때로는 조용한 불안으로, 갑작스럽게 몰아치는 혼란으로, 또 어떤 날은 '이상하게 오늘은 느낌이 안 좋다'라는 느낌으로 스며든다.

　이때 중요한 건, 그 긴장이 언제, 어떤 모습으로 내게 찾아오는지 스스로 알아차릴 수 있느냐는 것이다.

긴장을 알아차리는 법

　경기 초반, 리듬이 끊기고 공이 짧게 깔리고, 서브가 힘없이 네트에 걸릴 때, 대부분 기술이 부족한 게 아니라 몸이 긴장된 상태 그대로 움직이기 때문이다. 긴장은 이렇다 할 '형태'가 없다. 대신, 몸의 미세한 변화를 관찰하면 알 수 있다.

- 호흡이 짧아진다
- 손끝에 땀이 차거나, 움직임이 둔해진다
- 평소보다 말수가 줄거나, 말이 많아진다
- 서브 리듬이 끊긴다

- 급하게 서두르거나, 종종걸음으로 허둥댄다

이는 모두 몸이 보내는 긴장의 신호다. 그걸 눈치채는 순간, 이미 긴장은 절반쯤 줄어든다.

긴장을 느끼는 순간

긴장할 때 자신이 어떻게 반응하는지 아는 것도 중요하지만, 어떤 상황과 감정에서 흔들리고 리듬이 깨지는지 정확히 아는 것은 더욱 중요하다. 그래야 그에 맞는 루틴을 만들 수 있다.

아래 항목 중, 나를 흔드는 순간을 체크해 보자

- 중요한 포인트에서 서브를 넣을 때
- 새로운 파트너와 처음 경기할 때
- 마지막 샷을 내가 처리해야 할 때
- 반복되는 실수로 위축될 때
- 나보다 강한 상대를 만났을 때
- 나보다 약한 상대를 만났을 때('지면 안 된다'는 압박감이 몰려온다)
- 사람들이 지켜보고 있을 때
- 좋은 모습을 보여 주고 싶을 때
- 몸이 풀리기 전에 경기에 들어가야 할 때

긴장을 내 편으로 만드는 회복 루틴

긴장은 없애는 게 아니다. 긴장을 느끼고, 인식하고, 다루는 것. 그게 진짜 실력이다.

'지금 내가 긴장하고 있구나'라는 걸 알아차리는 순간, 경기의 흐름은 다시 내 편이 된다. 그다음엔 나만의 방식으로 흐름을 회복하는 루틴이 필요하다. 회복 루틴은 크고 거창할 필요는 없다. 작지만 반복 가능한 동작, 짧지만 내 안을 다잡는 말, 흐트러진 감각을 넓혀 주는 시선의 전환, 이 정도면 충분하다.

1. 몸부터 풀어라

긴장은 몸에 먼저 나타난다. 그러니 몸부터 푸는 게 가장 빠르다. 어깨를 크게 한 번 돌리기, 라켓 쥔 손을 번갈아 옮기기, 숨을 깊게 들이마시고 길게 내쉬기, 발바닥으로 코트를 '톡톡' 두드리며 중심 다시 잡기, 이런 단순한 동작 하나가 나를 '현재'의 상황으로 다시 되돌려 놓는다.

2. 한마디로 리셋하자

생각은 지울 수 없다. 그렇다면 생각을 이끄는 말을 준비해야 한다.

"괜찮아, 아직 시작인걸."

"긴장? 내가 이 게임에 진심이라는 증거지."

"내 샷은 훈련한 대로 나올 거야."

"자, 다음 포인트만 따 보자!"

말이 생각을 바꾸고, 생각이 몸을 이끈다. 금방이라도 무너질 듯한 순간, 이 한마디가 나를 다시 붙들어 세운다.

3. 시야를 전환하라

불안하면 시야가 좁아진다. 코트가 낯설고, 상대가 커 보인다. 이럴 때는 의식적으로 시선을 넓혀 보는 것도 필요하다. 코트 끝선까지 한 번 쭉 스캔하고, 상대의 움직임을 관찰해 보자. 시야가 넓어지면 이성적인 사고가 돌아온다.

4. 지금 이 포인트만 생각하라

이길 것 같아 흥분하는 마음도, 질까 봐 두려운 생각도 내려놓고, 지금 이 포인트, 오직 한 포인트에만 몰입하는 연습. 그것이 긴장을 다스리는 가장 강력한 방법이다. 포인트를 지키기 위한 전략도 필요 없다. 단 하나만 정하면 된다.

'이번엔 첫발만 빠르게'

'이번엔 리턴만 안전하게 넘긴다'

'이번엔 스윙을 끝까지'

이 한 가지에만 집중하면 긴장은 자연스럽게 물러난다.

This Week's Action Mission

"긴장했을 때, 나를 잡아 주는 루틴 훈련"

- 경기 전, 긴장하는 순간을 미리 떠올려 보자.
- 실제 경기에서 긴장 신호(호흡, 손, 움직임 등)를 느끼는 순간을 포착해 보자.
- 몸의 루틴, 마음의 루틴, 시야의 루틴 중 하나 이상을 실행해 보자.
  ex 잠시 눈을 감고 기분 좋은 상상을 하거나,
     심호흡으로 심박수를 다운시킨다.
- 포인트가 흔들릴 때 적용할 수 있는 '집중 포인트'를 정해 보자.
  ex "이번엔 첫발만 빠르게" "이번엔 끝까지 스윙"

Week 3 3개월 후의 나를 설계하라

"이제 의미 없는 파이팅은 그만!
목표를 세워야 한다. 오늘의 나, 3개월 후,
6개월 후, 1년 후의 나에 대한 목표를 세워라.
목표 없는 훈련은, 그냥 공놀이일 뿐이다."

"파이팅!" 경기 전, 연습 전 다들 습관처럼 말한다. 그런데 묻고 싶다.

"그래서, 뭘 어떻게 파이팅할 건데?"

"잘하고 싶다" "이기고 싶다" 이런 말들은 너무 막연하다. 뭘 잘하고 싶은지, 어떻게 이기고 싶은지 분명해야 한다. 그래야 오늘의 훈련이 산으로 가지 않는다.

"오늘 경기의 목표는 뭐야?" "이번 분기에 네 목표가 뭐야?" 이렇게 물으면 대답을 못 하는 경우가 많다. "그냥 열심히 하려고요"

"어떤 경기든 파이팅 넘치게 해야죠" 이는 그저 방향 없는 에너지일 뿐이다. 에너지는 방향이 있어야 비로소 힘이 된다. 그러니 목표를 세워야 한다. 막연하게 '열심히 해야지'로는 아무 변화도 생기지 않는다. '내가 오늘 뭘 해내고 싶은지' '3개월 뒤에 어떤 플레이를 하고 싶은지' 명확한 방향이 있어야 하루하루의 훈련이 쌓이기 시작한다.

목표는 말로 꺼내는 순간 시작된다

머릿속에만 있는 목표는 그저 희망 사항에 불과하다. 입 밖으로 꺼내는 순간, 그것은 약속이 된다. 나 자신에게, 동료에게, 코치에게!

"첫 서브 성공률을 70% 확률로 높이겠다."
"다음 경기에서는 자신 있는 샷을 두 번 이상 해 보겠다."

이렇게 말하는 순간, 뇌는 그 목표를 현실처럼 다루고, 이를 달성하기 위한 경로를 찾기 시작한다. 목표와 관련된 정보에 더 빠르고 민감하게 반응하고, 기회를 포착하는 감각도 예민해진다. 입 밖으로 내뱉은 목표는 더 이상 나만의 것이 아니다. 주변 사람들이 지켜보고, 응원하고, 때로는 견제하기도 한다. 이런 압박감이 때로는 부담스럽지만, 그것이야말로 목표를 현실로 만드는 강력한 동력이 된다.

자신감은 작은 성공에서 온다

레슨한 지 6개월이 채 안 된 학생을 경기에 뛰게 한 적이 있다. 주변에서 이래라저래라 훈수가 쏟아졌는지, 얼굴이 하얗게 질려서는 "긴장했는지 배가 살살 아파요, 다음 주엔 못 나올 것 같아요"라는 말을 내뱉었다. 그에게 "잘못해도 돼, 넘어오는 공, 딱 3개만 in 시키자"라는 말을 전달했다.

'3번의 in'을 성공한 그의 입가에 미소가 번졌다. 그리고 그 웃음이 다시 그를 테니스장으로 이끌었다. 바로 이것이 목표가 주는 힘이다. 단순한 성공 경험, 아주 작게 잡은 목표 하나가 두려움의 벽을 뚫고 나올 수 있게 만든다. 자신감은 하루아침에 생기지 않는다. 작은 성공들이 쌓일 때 비로소 '할 수 있다'는 믿음이 자란다.

레벨에 맞는 작전을 세워라

꾸준함은 분명 성공의 중요한 덕목이다. 하지만 꾸준함만으로는 부족하다. 목표를 명확히 설정하고 이를 위한 효율적인 방법을 사용할 줄 알아야 한다. 꾸준함 속에 디테일이 있어야 한다. 초보자가 프로의 플레이를 흉내 내려 하면 부상만 당한다. 먼저 자신의 현재 레벨을 점검하고, 그에 맞는 목표를 세워 보자.

1. 공을 넘기는 것이 목표라면?

아직 공을 제대로 컨트롤하기 어려운 단계라면 '3번만 in 시키자' '오늘은 네트를 넘기는 데 집중하자' 이 정도의 전략이면 충분하다. 이때 가장 중요한 건, 작지만 확실한 성공 경험을 만드는 것이다.

2. 공을 원하는 곳에 보내는 것이 목표라면?

공을 넘기는 데 익숙해졌다면, 이제 방향을 설정해야 한다. 포핸드는 상대의 백핸드 쪽으로, 서브는 바디로, 작은 의도를 하나라도 실험해 보는 것이 이 단계의 핵심이다. "오늘은 왼쪽 사이드를 노려 보자" "로브ᵒᵇ(상대의 머리 위로 높게 넘기는 샷)를 의도적으로 두 번 이상 올려 보자" 이런 작은 목표들이 곧 작전이 된다.

3. 상대를 움직이는 것이 목표라면?

이제는 단순히 넘기는 것을 넘어서, 상대를 흔드는 전략이 필요하다. 상대가 포핸드를 잘 치면 백핸드 쪽을 공략하고, 베이스라인에서만 플레이하면 네트 앞으로 끌어낸다.

"오늘은 상대를 세 번 이상 뛰게 만들자" "상대가 좋아하는 리듬을 무너뜨려 보자" 이런 구체적인 시도들이 바로 전략이 된다.

4. 게임을 컨트롤하는 것이 목표라면?

자신의 플레이가 어느 정도 안정되었다면, 경기 전체를 설계해야 한다. 서브는 와이드 혹은 바디로, 상황마다 다른 선택을 해야 하고, 상대의 약한 부분을 지속적으로 공략해야 한다. "첫 포인트는 반드시 잡자" "서브 후에는 반드시 네트 근처까지 전진하자" 이런 설계가 있어야 진짜 훈련이 된다.

단계마다 필요한 기술과 전략이 다르다. 자신의 단계를 파악하고, 그 단계에서 할 수 있는 최선의 목표를 세워라. 무리한 목표는 자신감을 무너뜨린다. 상대방의 레벨도 고려해야 한다.

나보다 훨씬 강한 상대와 경기할 때는 '이기는 것'보다 '배우는 것'에 집중하라. 반대로 나보다 약한 상대와 할 때는 새로운 기술을 시도할 기회로 삼아 보자.

목표가 없으면 감정이 경기를 지배한다

코트에 서는 순간부터 감정의 파도가 몰려온다. 흥분, 긴장, 분노, 실망…. 이 감정들은 순식간에 당신의 판단력을 흐리고, 루틴을 무너뜨린다.

아무 계획 없이 들어가면, 결국 감정이 경기를 끌고 가게 된다. 공이 안 넘어가고, 포인트를 내주고, 자꾸 실수하는 모습이 보일 때 멘탈이 먼저 무너진다. 그 순간 머릿속은 온통 이런 생각으로 가득 찬다. '오늘 왜 이렇게 못하지?' '오늘 경기도 또 지겠네…'

감정에 휘둘리지 않으려면 명확한 계획이 있어야 한다. '이 경기에서 나는 뭘 할 건가?' 어떤 상황에서 어떻게 플레이할지 미리 정해 놓은 사람은 감정이 요동쳐도 흔들리지 않는다.

목표는 오늘을 바꾸고, 오늘은 나를 바꾼다. 오늘을 어떻게 보낼지 알고 있는 사람은 시간이 쌓일수록 더 멀리 간다. 그러니 한 포인트, 오늘 훈련, 이번 달 경기. 작게라도 목표를 세워라. 그리고 그 목표에 얼마나 가까워졌는지 스스로 점검하라.

This Week's Action Mission

"이번 주, 말로 꺼낸 목표를 실행하자!"

- 이번 주 나의 구체적인 목표를 한 줄로 적어 보자.

  ex "백핸드 다운 더 라인 down the line(사이드라인을 따라 직선으로 치는 샷)을 성공시키겠다"

- 목표를 입 밖으로 꺼내어 말해 보자.
- 경기 전, 목표를 떠올리며 작전처럼 상상해 보자.
- 경기 후, 내가 세운 목표에 얼마나 가까워졌는지 점검해 보자.

Week 4 불가능해 보이는 목표에 도전하라

"가끔은 불가능해 보이는 목표에 도전하라.
그래야 성장할 수 있다. 실패해도 괜찮다.
정말 두려워해야 할 건 실패가 아니라
아무 생각 없이 반복되는 실패다."

"지금은 무리예요."
"아직 제 실력으론 안될 것 같아요."
"좀 더 준비되면, 그때 도전해 볼게요."

학생들에게 종종 듣는 말이다. 틀린 말은 아니다. 하지만 이런 생각이 당신을 멈추게 만든다는 걸 알고 있는가? '준비되면 하겠다'라는 말은 마음이 아직 움직이지 않았다는 뜻이다. 몸보다 먼저 움직여야 하는 건 마음이다. 일단 스텝을 내디뎌라. 지금은 안

될 것 같아도 그게 시작이다.

"코치님, 16강 이상 올라가기가 참 쉽지 않네요. 8강 이상 가면 연락드릴게요."
"우승하는 거 아니면 연락하지 마."
"아… 빨라도 5년 안에는 힘들지 않을까요?"
"아니지. 그런 마음가짐으론 안되지."
"그럼 2년?"
"…."
"그럼 1년 안에 해 볼게요!"
"그래!"

이제 겨우 테니스 라켓을 잡은 지 몇 년 안 된 친구가, 1년 안에 우승컵을 쥐는 건 실제로 쉽지 않다. 1년 안에 우승하지 못하면 안 된다는 이야기가 아니다. 마음가짐에 관한 이야기다. 1년 안에는 무슨 일이든 벌어질 수 있다.

"한번, 제대로 해 볼게요"라는 말 한마디로 훈련 방식, 경기 흐름, 나아가 자신의 태도까지 바뀌게 된다. ==말도 안 되는 목표를 세운 순간, 말도 안 되는 변화가 시작되는 것이다.== 누군가는 준비가 안 됐는데도 "우승하겠다"라고 말하고, 또 누군가는 완벽하게 준비될 때까지 "우승은 먼 이야기다"라고만 말한다. 이는 전혀 다른 말 같지만, 결국 실패를 늦추거나 무의미하게 만들 수 있다는 점에서 닮았다. 실패는 괜찮다. 문제는 그 실패를 외면하거나 아무 생각 없이 반복하는 것이다. 중요한 건, 실패 이후에 무엇을 보고, 어떻게 다시 움직이느냐이다. 잠시 주저앉을 수도 있다. 하지만, 멈추지 않고 다시 나아간다면, 당신은 이미 성장하는 중이다.

때론, 불가능해 보이는 목표를 선언하라

'이길 수 있는 상대만 이기겠다' '실수만 줄이자' 이런 목표는 당장의 성과에는 도움이 될지 몰라도 당신의 태도를 바꾸지는 못한다.

"이번 시즌엔 한 번이라도 대회에서 이겨 보겠다."
"올해 안에 우승을 해 보겠다."
"전국 순위에 이름 한 번 올려 보겠다."

이는 지금은 말도 안 되는 것처럼 느껴질 수 있지만 이런 목표를 입 밖으로 꺼내는 순간, 몸이 반응한다. 그걸 이루기 위해 루틴을 만들고, 훈련을 계획하면, 훈련의 밀도와 한 포인트에 쏟는 집중력이 전혀 다른 차원으로 올라간다. 8강이 목표인 사람은 매번 8강에서 멈추고, 4강이 목표인 사람은 매번 4강에서 멈춘다. 사람은 결국 자신이 목표한 곳까지만 도달한다. 그렇다면 왜 목표를 낮게 잡는가?

"이번 경기에서 트로피 받아서 멋지게 사진 찍어 볼게요!" 이렇게 멋진 목표를 세우면 안 될까? "지금은 무리예요"라는 말 대신, "한번 해 보겠습니다"라는 말이 나올 때, 이미 당신은 한 걸음 나아간 것이다. 작은 목표는 오늘을 바꾸고, 불가능해 보이는 목표는 나를 바꾼다.

목표 goal는 높게, 목표 설정 goal setting은 Step by Step!

목표는 높게 잡아도 된다. 다만, 그 목표에 가기 위한 설정은 지금 자신의 수준에 맞아야 한다. 트위스트 서브 twist serve(강한 톱스핀 + 사이드 스핀을 동시에 걸어서, 공이 바운드 후 갑자기 옆으로 튀어오르는 서브)를 넣고 싶다? 좋다. 하지만 지금 당장 할 수 있는 건 '토스를 안정시키는 것' '회전 감각을 익히는 것'일 수도 있다.

목표와 목표 설정은 다르다. 이걸 구분하지 못하면, 도전이 아니라 무리수가 된다. '말도 안 되는 목표'는 위대하지만, '생각 없는 실행'은 실패를 부른다. 도전은 전략적이어야 한다.

경기를 나가봐야 보인다

"조금만 더 연습하고 나갈게요." 당연히 연습은 많이 할수록 좋다. 하지만, 언제까지 연습만 할 건가? 연습장에서 아무리 공을 많이 쳐도, 실전에서만 보이는 것들이 있다. 2시간 대기 후 경기를 시작할 때의 멘털 관리, 관중 앞에서 느끼는 압박감, 낯선 상대의 전술, 바람의 방향과 햇빛까지. 이건 연습에선 결코 마주할 수 없는 변수들이다.

경기는 단순한 실력 싸움이 아니다. 감정의 흐름, 다양한 환경과 예측 불가능한 변수가 등장한다. 평소 같으면 해 보지 못할 시도들을 경기에선 하게 된다. 그래서 경험을 해 봐야만 알 수 있다.

"100% 준비되면 나가겠다"라는 사람과, "80%지만 일단 나가 보겠다"라는 사람, 누가 더 빨리 성장할까? 완벽해질 때까지 기다리지 말고, 지금의 나로 먼저 부딪혀야 한다.

실패, 계획적으로 하라

실패에도 질이 있다. 아무 생각 없이 실패하면 그저 '실패한 사람'이 된다. 하지만 계획하고 도전하는 과정에서 겪는 실패는 다르다. "그냥 잘 안 됐어요" "상대가 너무 잘했어요"라는 말로 끝나는 실패는 아무것도 남지 않는다. 다음에도 똑같은 실패를 반복할 뿐이다. 반면 "첫 경기에 긴장해서 더블 폴트를 3개나 했어요, 루틴부터 다시 짜야겠어요" 이와 같은 다짐은 자산이 된다. 무엇이 잘못됐는지 알기 때문에 고칠 수 있다. 실패를 감정적 경험으로 끝내지 말고 전략적 자산으로 바꿔라. 그것이 성장하는 사람과 실패만 쌓는 사람의 차이다.

실패에도 등급이 있다

- 3등급: "그냥 안 됐어요."
  아무것도 얻지 못하는 실패. 시간 낭비일 뿐이다.
- 2등급: "상대가 너무 잘해서요."
  원인을 외부로 돌리는 실패. 조금 낫지만, 여전히 배움이 없다.
- 1등급: "첫 경기에서 긴장으로 더블 폴트 3개를 했어요, 루틴 연습이 더 필요해요."
  구체적인 원인을 아는 실패. 이런 실패는 자산이 된다.

실패, 그냥 감당하지 말고 설계하라

목표를 세웠다면, 실패 시나리오도 같이 계획하라. "이런 상황에서 흔들릴 가능성이 높다" "이럴 때 이런 실수를 할 수 있다" "그때 어떤 데이터를 얻을 수 있을까?" 이처럼 실패 패턴을 예상하고 준비하면, 다음 대회는 전혀 다른 전략으로 접근할 수 있다.

실패 후 회복을 위한 3단계 루틴

- 1단계, 받아들이기: '졌다. 인정한다.'
부정하거나 변명하지 않는다. 있는 그대로 받아들이는 것에서부터 회복이 시작된다.

- 2단계, 분석하기: '왜 졌는가? 무엇을 배웠는가?'
감정이 아닌 데이터로 접근한다. 흐름, 상황, 루틴의 작동 여부를 따져 본다.

- 3단계, 다음 행동 정하기: '다음엔 무엇을 다르게 할 것인가?'
막연한 다짐이 아니라 구체적인 개선 계획을 세워야 한다.

실패의 무게를 버린 사람이 진짜 실력을 갖춘다

실패를 겪고 나면 멘털이 무너진다. '역시 난 안되는 건가…' '왜 이렇게 못하나…'와 같은 자책과 후회, 창피함까지 한꺼번에 몰려온다. 하지만 기억해라. 지는 건 실패가 아니다. 포기하는 게 진짜 실패다. 잠깐 주저앉을 수는 있다. 거기서 끝내지만 않으면 된다. 실패를 견디는 힘, 다시 일어서려는 마음. 그게 진짜 실력이다. 공 하나도 제대로 못 쳐서 완전히 망가져 창피했던 날. 그날이 부끄러웠다면, 그날은 헛된 날이 아니다. 쪽팔린 만큼 성장한다. 버틴 만큼 단단해진다. 진짜 경험은 잘한 날이 아니라, 흐름이 무너지고, 루틴이 깨지고, 마음마저 흔들렸던 날에 만들어진다.

실패해도 괜찮다. 실패를 무서워할 게 아니라, 생각 없이 실패하는 걸 경계해야 한다. 실패의 무게를 버티는 법을 배우지 않으면 기술도, 루틴도, 멘털도 오래 가지 못한다. 자신을 향한 실망이 쌓이면 자존감이 무너질 것 같지만, 사실은 그 과정을 지나야 자기 이해가 깊어진다. 쪽팔림의 끝에서 진짜 실력의 뿌리가 내린다.

This Week's Action Mission

"말도 안 되는 목표가, 말도 안 되는 집중력을 만든다"

- 지금 당장은 무모하게 들릴지 몰라도, 자신도 놀랄 만큼 큰 목표를 하나 선언하자.
- 그 목표를 달성하기 위해, 당장 이번 주의 루틴을 계획하고 실행해 보자.
- 실패가 두렵다면, 실패 시 얻을 수 있는 배움의 포인트까지 함께 설계하자.
- 완벽하게 준비하려고 하지 마라. 우선 해 보자.

Week 5　잘한 건 스스로 칭찬

"잘못한 것 때문에 지나치게 스트레스받지 마라.
잘한 건 스스로 칭찬해야 한다.
칭찬은 단순한 기분 전환이 아니다.
'이건 내가 다시 해도 되겠어'라는
내적 확신을 만드는 시작이다.
그게 바로 진짜 자신감이 된다."

생각해 보면, 우리는 참 쉽게 실망한다. 공 하나 놓치면, "왜 이렇게 못해!" 경기의 흐름이 흔들리면, "역시 난 안돼…" 그런 말부터 툭 튀어나온다. 그런데 잘했을 땐 어떤가? "운이 좋았지 뭐" "원래 이 정도는 누구나 하잖아"라며 그냥 흘려보내 버린다. 오히려 실수에 집착하고 자신의 실제 능력은 무시하는 것이다.

실수는 그 자리에서 털고 나와야 한다. 계속 붙잡고 있으면, 다음 포인트까지 망친다. 실수를 인정하는 것과 실수에 집착하는 것은 다르다. 실수는 과거고, 경기는 현재 상황이다. 그런데도 우리는 실수에 몰입하며 칭찬에는 인색하다.

왜 우리는 잘한 건 쉽게 잊고, 잘못한 것에 집착할까? 칭찬이 부끄럽고 어색해서, 남과 비교하느라 내 걸 못 봐서, 그리고 무엇보다 칭찬이 훈련이라는 걸 모르기 때문이다. 칭찬은 단순한 위로나 기분 전환이 아니다. 좋은 플레이를 인식하고, 반복하게 만드는 훈련이다. 잘한 건 스스로 많이 칭찬해야 한다. 바로 이것이 멘털을 살리고, 경기를 바꾼다.

한마디의 칭찬이 경기를 바꾼다

"내가 나를 칭찬한다고?" 처음엔 어색하다. 좀 유치하게 느껴지기도 하고, 별것 아닌 일로 뿌듯해하는 내가 낯설다. 하지만 조금씩이라도 해 보자. "방금 리턴 좋았어" "오늘 집중 잘했다" "와, 어려운 공을 끝까지 따라간 건 진짜 잘했어" 이렇게 내가 나에게 말을 걸기 시작하면, 플레이가 달라진다.

내가 나를 믿기 시작한다. 경기 중, 누가 뭐라고 하지 않아도 마음 한편에서 '괜찮아, 지금 좋아, 잘했어' 이런 마음의 말이 들릴 때, 진짜 힘이 생긴다. 멘털은 결국, 내가 나를 어떻게 다루느냐에 달렸다.

경기의 흐름을 붙잡게 된다. 자책은 흐름을 끊고, 칭찬은 좋은 흐름으로 이어 준다. 하나의 좋은 플레이를 '잘했어'라고 인식하고 넘어가는 순간, 그 여운은 다음 포인트까지 연결된다.

실수보다 성장에 집중하게 된다. 실수에만 꽂혀 있을 땐 '나는 왜 이 모양일까'에 머무르지만, 잘한 걸 기록하고 말로 인정하다 보면 '어디가 좋아졌지?' '뭘 반복하면 좋을까?'를 찾게 된다. 칭찬은 질문을 바꾼다. '오늘은 어디가 나아졌지?'라며 자신에게 건네는 칭찬 한마디가 흔들리는 나를 다시 세우고, 흐트러진 경기를 다시 붙잡고, 실수 속에서도 성장하게 해 준다. 스스로 칭찬할 줄 아는 사람만이 자신을 믿고, 흐름을 바꾸고, 경기를 끝까지 책임진다.

경기가 끝나고 실수만 떠올린다면, 실력이 아닌 자책의 루틴이 뇌에 남는다. 조금이라도 나아진 부분, 만족할 만한 플레이가 하나라도 있었다면 자신에게 조용히 칭찬 한마디를 건네 보자. 잘못한 것들만 생각난다면, 마지막에는 꼭 잘한 것 한 가지를 함께 떠올려 보자.

성장하는 사람은
자신을 칭찬하는 방식이 다르다

셀프 칭찬이 거창할 필요는 없다. 지금 당장 할 수 있는 한마디부터 시작하면 된다.

오늘 진짜 잘한 포인트를 붙잡아라

잘못했던 것들은 노력하지 않아도 떠오른다. 이럴 때 반드시 한 가지의 칭찬도 함께 떠올려 보자. 스스로 잘했다고 느낀 한 가지 포인트면 충분하다. 매치 포인트일 필요도 없고, 화려할 필요도 없다.

- 끝까지 뛰어서 살려낸 공
- 상대 백 쪽으로 의도적으로 찌른 리턴
- 서브 넣고 바로 네트로 달려간 용기

그리고 속으로 말해 보자. '이건 진짜 잘했어' 그 한마디가 자책 대신 자신감을 심는다.

오늘의 칭찬 기록 3가지

연습이나 경기 후, 조금이라도 나아진 부분이나, 스스로 만족한 플레이를 기준으로 3가지 칭찬을 기록해 보자. 핸드폰 메모장이든, 노트든 상관없다.

- 백핸드 슬라이스가 전보다 낮게 깔림
- 리듬이 무너졌지만 심호흡을 하고 다시 시작함
- 파트너와 짜증 나는 상황에서 끝까지 대화로 풀려고 함

이렇게 기록을 쌓으면 실수보다 성장에 집중하는 사람이 된다.

그 누구도 모르는 내 노력, 나만 아는 부분을 칭찬하라

오늘 아무도 몰랐지만, 나만 알아차렸던 장면이 있을 것이다. 사실은 엄청 힘들었지만, 끝까지 포기하지 않은 하나의 포인트, 오늘따라 무릎이 불편했지만 묵묵히 뛰어 준 내 몸, 주눅 들었지만, 계속 리듬을 찾으려 했던 내 의지. 아무도 알아보지 못해도 나만 알면 된다.

'너무 잘 치는 상대를 만나니 내가 어디가 얼마나 비었는지 알게 되었다. 잘 못 쳤다고 낙심하는 대신, 내가 채워야 할 것을 발견하고 파이팅을 해 보는 내 자신, 칭찬해!'

그 자리에서 즉시 칭찬하라

경기 중 좋은 플레이가 나왔을 때 남이 칭찬해 주길 기다리지 말고 속으로 이렇게 말하자. '지금 좋아' '이 느낌 기억하자' 그 한마디가 멘털을 살리고 경기의 흐름을 바꾼다.

스스로 칭찬할 줄 아는 사람만이, 파트너도 칭찬할 수 있다

자신의 플레이를 존중할 줄 아는 사람만이 파트너의 플레이도 진심으로 칭찬할 수 있다. 오늘 나에게 한 칭찬 한마디를 내일 파트너에게도 건네 보라. 칭찬은 경기력만이 아니라 우리 팀의 분위기와 흐름도 바꾼다.

This Week's Action Mission

"칭찬은 단순한 기분 전환이 아니라 훈련이다"

- 오늘의 칭찬 3가지를 기록해 보자.
- 경기 중 좋은 플레이가 나왔을 때, 즉시 칭찬하자.
- 나만 아는 노력, 나만 아는 순간을 인정해 주자.
- 셀프 칭찬으로 생긴 변화를 관찰하고 기록하자.

Week 6   어제보다 나아진 나를 발견하라

"성장은 극적인 변화가 아니라 미세한 발견에서 시작된다. 어제와 오늘의 1% 차이를 알아차리는 능력이 진짜 실력이다."

"코치님, 저 요즘 도통 늘지 않는 것 같아요."

학생들에게 많이 듣는 말이다. 정말 그럴까? 하지만 대부분은 성장하고 있다. 다만 그 성장을 보지 못할 뿐이다. 성장을 보는 눈이 없으면, 실제로 성장하고 있어도 좌절한다. 반대로 성장을 보는 눈이 있으면, 작은 발전도 큰 동력이 된다. 문제는 우리가 성장을 너무 거창하게 생각한다는 것이다. "갑자기 실력이 확 늘었어요!" "하루아침에 깨달았어요!" 물론 그런 날도 있다. 하지만 진짜 성장은 대부분 조용히, 서서히, 눈에 띄지 않게 찾아온다.

"스텝 조금 뛰었다고 왜 이렇게 숨이 찰까요. 한 것도 없는데 왜 이리 힘들까요?"
"안 하던 걸 해서 그래."

너무 못하는 나를 발견할 때가 있다. 몸이 무겁고, 실수는 반복되고, '나 왜 이렇게 못하지?' 하고 자책하게 되는 날, 나는 오히려 이렇게 말해 주고 싶다.

"잘 안되는 게 있다는 건 좋은 사인이야. 지금 네가 새로운 걸 시도하고 있다는 뜻이니까."

무언가 뜻대로 되지 않는다는 건, 그전엔 안 하던 걸 하고 있다는 증거다. 시도하지 않으면 무너질 일도 없다. 마냥 기쁜 순간보다, 모르는 게 많아져 답답한 순간이 많아졌다는 것 역시 성장하고 있다는 증거다. 그러니까 잠시 무너지는 순간을 너무 두려워하지 마라. 그 순간이 성장의 가장 확실한 시그널이다.

결과보다 과정에서 성장을 찾아라

"이번 주도 또 졌어요, 전혀 늘지 않네요" 점수만 보면 그럴 수 있다. 하지만 정말 그럴까?

지난주: 6대 1, 6대 2로 패배(총 35분 소요)

이번 주: 4대 6, 5대 7로 패배(총 1시간 20분 소요)

점수상으로는 둘 다 패배다. 하지만 내용은 완전히 다르다. 이번 주는 훨씬 더 치열하게 경쟁했고 상대를 더 많이 압박했다. 경기는 결과가 아니라 내용을 봐야 한다. 성장을 보려면 미세한 변화를 읽을 수 있는 눈이 필요하다. 경기의 승패가 아니라 내가 어떤 시도를 했는가, 어떤 선택을 했는가, 얼마나 성장했는가를 세심하게 들여다보고 관찰해야 한다.

이겼는데 뭔가 아쉬운 경기가 있는 반면, 졌는데도 기분 좋은 경기가 있다. 새롭게 시도한 것, 전보다 조금 나아진 부분이 있었던 경기의 경우 결과와 상관없이 뿌듯하다.

"많이 성공하진 못했지만, 오늘은 서브&발리를 시도했어요."
"리턴을 어디로 할지, 서브를 어디로 넣을지 생각하면서 쳤어요."
"한 방에 끝내려는 욕심을 버리고, 살살 달래가면서 끝까지 스윙해서 넘겼어요."
"급한 마음에 허둥대는 대신, 공을 똑바로 보고 임팩트 타이밍을 조절해 봤어요."
"멘털이 호로록 털리는 순간에 파트너와 대화하면서 멘털을 꽉 붙들었어요."

이런 세밀한 변화를 기록해 보자. 매일 거울을 보는 사람은 자신의 얼굴이 변화하고 있다는 걸 잘 못 느낀다. 테니스도 마찬가지다. 매일 훈련하면서 분명히 좋아지고 있음에도, 본인은 모른다. 변화는 늘 작고 천천히 오기 때문에, 이를 발견하는 눈이 없다면 지나치기 쉽다.

실력은 그렇게, 미세한 변화들이 쌓이며 만들어진다. 그리고 그 변화를 알아차리는 사람만이 계속 성장할 수 있다. 하지만 때로는, 그 미세한 변화가 느껴지지 않아 막막할 때가 있다. 그럴 땐 코치의 눈이 먼저 반응한다.

"오늘은 뭘 하고 싶어?"
"잘하는 분들과 경기를 했는데, 상대가 너무 노련하고 정교해서 제가 할 수 있는 게 거의 없었어요. 발이 너무 느리고, 몸도 잘 안 따라 주고…."
"예전엔 네가 뭘 못하는지도 몰랐잖아. 지금은 '뭐가 부족한지'가 느껴지지? 그게 네가 성장하고 있다는 증거야."
"…그런 건가요."
"응. 뭘 모르는지도 몰랐던 시기에서, '아, 내가 이걸 못하는구나' 하고 구체적으로 한계를 자각할 수 있는 시기로 넘어온 거야."

"…근데 요즘 너무 못해서 자존감이 떨어져요."

"그 전에 안 하던 걸 하고 있어서 지금 무너지는 거야. 시도하지 않으면 무너질 일도 없어. 지금의 답답함, 무기력함, 그게 다 성장의 시그널이야."

"…그 말 듣고 나니까 갑자기 좀 위로가 되네요."

미세한 변화를 읽는 기술

빠르게 성장하는 학생들은 모두 한 가지 공통점이 있었다. 자신의 작은 변화를 놓치지 않는다는 것이다. 성장을 보는 눈은 타고나는 게 아니라 배우고 연습하는 능력이다. 변화는 그냥 생기는 게 아니라, 발견하고자 하는 사람에게만 찾아온다.

질문을 바꿔라. '나 지금 테니스 잘하고 있나?' 이런 질문에서는 답을 찾을 수 없다. 막연하고, 기준도 모호하고, 감정에 좌우되기 때문이다. 대신 이렇게 물어보자.

"어제와 비교해서 어떤가?"

이 질문은 다르다. 구체적이고, 기준이 명확하고, 측정할 수 있다. "오늘과 어제, 뭐가 달랐지?" 이 질문 하나만으로도 성장이 보이기 시작한다. "어제는 백핸드 칠 때 몸이 열렸는데, 오늘은 조금 더 닫고 쳤어요." "어제는 실수하면 바로 짜증이 났는데, 오늘은 '괜찮다' 하고 넘어갔어요." 이렇게 구체적인 변화가 나온다. 이런 질문들이 쌓이면 '변화의 루틴'이 만들어진다. 남과 비교하지 말고 어제의 나와 비교하라. 의미 있는 유일한 비교 대상은 어제와 오늘의 나뿐이다.

이제 성장하는 자신을 알아볼 수 있는 눈을 길러 보자. 다음 중 하나라도 체크가 됐다면 당신은 지금 분명 성장하고 있다.

1. 기술: 나도 모르게 변한 실력

"실수는 여전한데, 실수의 '결'이 달라졌다면? 이미 달라진 거다"

- 오늘 스트로크가 평소보다 덜 힘들었다.
- 실수의 패턴이 바뀌었다(시도조차 하지 않음 → 마음먹고 시도했으나 아웃 등).
- 평소보다 새로운 샷에 도전해 볼 여유가 생겼다.
- 임팩트 순간 타점 감각이 선명해졌다.
- 레슨이나 경기 중에 내가 뭘 잘못하고 있는지 스스로 먼저 알게 되었다.

2. 멘탈: 흔들림 속의 집중

"멘탈이 강하다는 건, 흔들리지 않는 게 아니라 다시 제자리로 돌아오는 힘이다"

- 실수 후 금방 다시 집중할 수 있었다.
- 어려운 상황에서도 마음이 흔들리지 않았다.
- 새로운 전술이나 루틴에 도전하고 싶다는 생각이 들었다.
- 경기 중 "다음 포인트!"라고 스스로 말하며 회복했다.
- 졌는데도 만족스러웠던 날이 있다.

3. 체력: 눈에 띄게 달라진 몸의 변화

"숨은 여전히 차지만, 버티는 시간이 길어졌다면 꾸준히 노력했다는 증거다"

- 평소보다 덜 지쳤다(혹은 더 오래 집중할 수 있었다).
- 운동 후 회복이 빨라졌다.
- 코트에서 내 스텝이 가벼워진 걸 느꼈다.
- 레슨 후에도 몸에 에너지가 남아 있었다.
- 움직임이 더 가볍고 민첩하게 느껴졌다.

4. 자기인식: 진짜 배움의 시작

"실수가 감정이 아니라 데이터처럼 보이기 시작할 때, 진짜 배움이 시작된다"

- 수십 번씩 들었던 말들이 비로소 이해되기 시작한다.
- 예전엔 보이지 않던 것들이 보이기 시작했다.
- '아, 그동안 내가 안다고 착각했던 거였구나'를 깨달았다.
- '이제 진짜 배움이 시작된 느낌'이 든다.
- 실수가 부끄럽지 않고, 데이터처럼 느껴진다.

This Week's Action Mission

"성장을 보는 눈을 길러라, 변화와 성장은 관찰에서 시작된다"

- 오늘 연습에서 '어제와 달라진 점'을 하나만 기록해 보자.
- 실수 중 '새로운 시도'를 체크해 보자.

    ex 공격적으로 시도한 포핸드, 평소보다 과감했던 네트 플레이 등

- 연습 후 '오늘은 뭐가 안됐지?' 대신 '오늘은 뭐가 잘됐지?'를 먼저 물어보자.
- 하루에 한 번, '어제보다 나아진 나'를 발견하고 말로 꺼내 보자.

    ex "오늘은 실수하고도 짜증을 안 냈다"
    　　"서브 리듬이 어제보다 부드러웠다"

Week 7 시작하자마자 "못 뛰어!"라고 말하는 너에게

"뛰어 보지도 않고 포기한 적이 있는가?
한 발이라도 뛰어라. 끝까지 뛰어라.
포기하지 않는 사람은
결국 경기 전체의 흐름을 바꾼다."

"아, 못 뛰어."
"안돼, 이건 못 받지."
"이 정도면 됐지."

짧은 공이나 받기 어려운 공이 오면 이런 말부터 입 밖으로 툭 튀어나오는 사람이 있다. 그러면 신기하게도 진짜 못 뛴다. 몸이 아니라 마음이 먼저 멈췄기 때문이다. 하지만, 끝까지 뛰는 사람은 다르다. 안될 걸 알면서도 한 발, 또 한 발 내디딘다. 그 순간 기적처럼 공을 살려 내고, 무엇보다 경기의 흐름을 바꾼다.

'저걸 뛰어서 받는다고?' 상대가 놀란다.

'쟤 오늘 진짜 집중했네…' 내 편도 바뀐다.

==못 뛰는 건지, 안 뛰는 건지 그걸 구별하는 게 시작이다.== 실력이 부족해서 못 뛰는 것일 수도 있다. 하지만 많은 경우, 스스로 '안 되겠다'라고 판단하고 안 뛰는 경우가 더 많다. 첫 번째의 포기는 두 번째의 포기를 부른다. '어차피 저 공도 안되겠네' '이것도 무리겠어' 점점 더 포기하는 범위가 넓어진다.

왜 우리는 뛰어보지도 않고 포기할까?

공이 네트를 타고 넘어오자, 학생이 그냥 '아!' 하고 멈춰 버렸다. 사이드로 빠지는 공도 그저 '아!' 하면서 멈춰 선다.

"안 뛸래? 왜 시작하자마자 안 뛰어!"

"당연히 받기 힘들겠지만, 일단 최선을 다해서 뛰어 볼게요."

"아니지, 잘못된 생각이지. 무조건 된다고 생각하고 넘길 생각으로 뛰어야지. 나는 네가 포기하지 않았으면 좋겠어. 해 보지도 않고 멈추지 않았으면 좋겠어! '안될 거야' 하는 생각을 머리에서 지웠으면 좋겠어."

뛰면 받을 수도 있는데, 아예 시도조차 하지 않을 때가 있다. 그건 실력이 아니라 마음이 멈춘 것이다. '뛰었는데 못 받으면 창피하니까, 아예 안 뛰는 게 낫다'라는 식의 자기방어, 실패를 피하려는 심리가 시도조차 막아 버리는 것이다. 게다가 예전에 못 받았던 경험이 쌓이면, 뛸 수 있음에도 불구하고 '이건 안될 거야'라는 잘못된 판단이 먼저 작동한다.

그래서 더더욱, 내 안에서 '그만하자'라는 신호가 올라올 때 그걸 알아차리고 한 걸음 더 나아가는 연습이 필요하다. '여기서 멈춰도 되겠지' 하는 순간을 부수고 나가는 훈련, 그게 진짜 경기력을 바꾸는 루틴이다.

정말 못 뛴 걸까? 아니면, 그냥 안 될 것 같아서 포기한 걸까? 멘털은 교묘하게 타협하라고 속삭인다. '이 정도면 괜찮아' '이건 어쩔 수 없어' 그런 생각에 속다 보면, 할 수 있는 것도 안 하게 되고 실력은 멈춰 선다. 물론 베이스라인 저 뒤에서 네트 바로 앞에 떨어지는 공까지 받을 수는 없다. 하지만 그런 경우는 드물다. 못 뛰는 줄 알았는데, 뛰어 보면 받아지는 공이 훨씬 많다. 결국 못 뛴 게 아니라, 안 뛴 거였다.

이걸 깨닫는 순간부터 변화가 시작된다. '안될 거야'가 아니라 '해 보자'로, '해 봤자 소용없어'가 아니라 '==일단 한 발이라도 뛰어 보자==로 ==생각을 바꾸는 루틴==이 필요하다. 그리고 매일 이 질문을 자신에게 던져 보자.

"왜 나는 뛰기 전에 포기했을까?"

이 질문 하나만으로도 당신의 테니스는 달라지기 시작한다.

끝까지 뛰는 사람은 경기의 흐름을 바꾼다

"드롭 샷이 딱 떨어졌는데, 누가 봐도 못 받을 것 같은 공인데 끝까지 뛰어가서 건져 올리는 사람이 있어. '그 뒷일은 난 잘 모르겠고', 이런 마인드지. 그래야 해. 근데 '아~ 난 못 뛰어!' 하는 사람들은 포기하는 시점이 너무 빨라. 안 돼, 그러면!"

못 받을 것 같았던 공을 살려 낸 순간, 분위기가 달라진다. 경기의 방향이 나에게 넘어오고 상대는 흔들린다. '저걸 받는다고?' 그 한순간이 상대의 머릿속을 복잡하게 만든다. '이 상대 쉽지 않겠는데?'라는 경계심이 자리 잡기 시작한다. 바로 그때, 당신은 이미 경기를 유리하게 끌어가고 있는 것이다.

예를 들어, 서브에 강한 자신감을 가진 사람은 한 번, 두 번 서브 에이스가 꽂히면 흐름을 타기 시작한다. 하지만 그 공을 어떻게든 넘기고 리턴하면 상황은 달라진다.

'어, 이게 넘어오네?' 자신감 있게 서브를 넣었던 쪽은 당황하고, 흐름은 끊기며, 힘이 들어가기 시작한다.

최대한 강하고 정확히 넣었는데도 리턴되면 '이 상대, 쉽지 않다'라는 감정이 쌓이고, 결국 실수가 나온다. 자신감은 흔들리고 흐름은 역전된다. ==당신이 넘긴 건 그저 하나의 공일지 몰라도, 상대에게는 '흔들리는 계기'가 된다.== 기술이 아니라 집요함이 만든 변화다. 경기의 흐름을 바꾸는 건 화려한 스매시가 아니라, 끝까지 포기하지 않는 한 발이다. 처음에는 단지 한 발이었지만, 그 한 발이 두 발이 되고, 어느새 기적 같은 순간을 만든다.

상황별 실전 적용법

1. 리드하고 있을 때

- 방심하지 말고 끝까지 뛰어라.
- '이 정도면 됐지'라는 생각이 들 때가 가장 위험하다.
- 상대에게 '저 선수는 절대 포기하지 않아'라는 인식을 계속 심어 줘라.

2. 뒤처지고 있을 때

- 더욱 적극적으로, 한 발 더 뛰어라.
- 지금 이 하나의 공이 반전의 계기가 된다.
- 상대방의 느슨해진 집중력을 노려라.

3. 동점일 때

- 모든 공의 중요성을 인식하라.
- 이때 끝까지 뛰는 한 걸음이, 상대의 멘털에 균열을 만든다.
- '쟤는 포기란 게 없네…'라는 인상을 각인시켜라.

4. 체력이 떨어졌을 때

- 몸이 힘들수록 정신력으로 버텨라.
- 상대도 지쳐 있을 가능성이 크다.
- 포기하지 않고 뛰는 모습이 상대에게 큰 부담을 준다.

This Week's Action Mission

"한 발이라도 뛰어라, 끝까지 포기하지 않는 루틴을 만들어라!"

- 일주일 동안 "못 뛰어" "안 돼" 같은 말을 절대 하지 말자.
- '못 뛰어'라는 생각이 드는 순간, 생각을 차단하고 몸부터 움직이자.
- 포기하고 싶은 순간에 한 발만 더 내디뎌 보자.
- 리드/뒤처짐/동점/체력 저하 상황에서 각각 실전에 적용해 보자.
- "오늘 나는 뛰기 전에 포기한 적이 있었나?" 점검해 보자.

Week 8 핑계 대지 마라, 결국은 멘털이다

"길면 길어서 못 치고, 짧으면 짧아서 못 치고,
높으면 높아서 못 치고, 낮으면 낮아서 못 치고,
빠르면 빨라서 못 치고, 느리면 느려서 못 치고…
그럼 언제 칠 건데?"

"아, 공이 너무 빨라서 못 받겠어요."
"이 공은 너무 높아서 어려워요."
"바람이 불어서 집중이 안 돼요."
"오늘 컨디션이 안 좋아서요."

한두 번이야 그럴 수도 있다. 하지만 매번 다른 핑계가 나온다. 완벽한 조건이란 존재하지 않는다. 공은 항상 다르게 온다. 길거나 짧거나, 높거나 낮거나, 빠르거나 느리거나. 바람도 불고, 햇빛도 변하고, 컨디션도 매일 다르다.

그리고 이런 상황은 누구에게나 똑같다. 그런데 어떤 사람은 그 안에서 방법을 찾고, 어떤 사람은 이유를 찾는다. 방법을 찾는 사람은 움직이고, 이유를 찾는 사람은 멈춘다. 핑계를 대는 순간, 우리는 이미 경기의 중심에서 멀어진다.

핑계는 끝도 없이 자란다

월요일: "몸이 안 풀려서요."
화요일: "어제 무리해서 피곤해요."
수요일: "오늘은 너무 더워서요."
목요일: "어제 비가 와서 습도가 높아요."
금요일: "주말이라 집중이 안 돼요."

뛰지 않는 사람은 언제나 이유가 있다. 도대체 언제 칠 건가? 핑계는 그럴듯해 보이지만, 결국은 아무것도 하지 않으려는 이유일 뿐이다.

"이 라켓이랑 안 맞는 것 같아요."
"이 라켓은 파워가 없어서요."
"그립감이 애매해서요."

라켓 탓도 그만하자. 파워가 좋으면 컨트롤이 부족하고, 컨트롤이 좋으면 파워가 아쉽다. 가벼우면 안정성이 떨어지고, 무거우면 스피드가 느려진다. 모든 걸 완벽하게 해결해 주는 라켓은 없다. 내가 자신 있는 부분이 무엇인지 정확히 알고, 그걸 잘 살릴 수 있는 라켓을 고르면 된다. 도구는 도구일 뿐이다. 방향을 잃은 시선이 자꾸 환경과 장비를 핑계 삼는 것이다.

==핑계는 '멘털이 흔들림을 알려 주는 알람'이다.== 잘 안 풀릴 때, 실수가 반복될 때, 체력이 떨어질 때, 그 순간 핑계는 어김없이 고개를 든다. 경기에 몰입하고 있을 땐 떠오르지 않던 말들이, 마음이 흐트러지고 집중이 깨지면 아주 자연스럽게, 습관처럼 쏟아진다.

"이런 공은 내가 싫어하는 구질이야."
"저 사람은 예의가 없어, 그래서 내 리듬이 깨졌어."

그 순간을 알아차려야 한다. 핑계를 댄다는 것은 경기가 이미 내 손을 떠나기 시작했다는 뜻이다. 경기력이 좋을 땐 대체로 환경 탓을 하지 않는다. 그런데 내가 흔들리고 있을 때, 지고 있을 때, 실수가 잦아질 때. 그때는 모든 게 불편해지고 사소한 것까지 괜히 얄밉다. 심지어는 상대방의 옷 색깔조차 거슬린다. 이 모든 것이 내가 흔들리기 때문이다.

"그게 최선이었어요"라는 말에는 성장이 없다

"된다고 뛰었는데…."

"나름 최선이었어요."

진짜 최선을 다했는가? 한계는 본인이 정하는 것이다. '최선'이라는 말로 현재 수준에 만족해 버리면 더 이상 발전은 없다.

만족은 성장을 멈추게 한다. '이 정도면 됐어'라고 생각하는 순간, 더 이상 노력하지 않게 된다. 한계를 스스로 정하지 마라. "저는 이 정도가 한계예요" "동호인 수준에서는 이 정도면 괜찮죠" 누가 그 한계를 정했는가? 대부분 스스로 선을 긋는다.

진짜 한계는 해 봐야 알 수 있다. 해 보지도 않고 미리 선을 긋는 것은 그저 핑계일 뿐이다.

멘털이 강한 사람은 '조건'에 기대지 않는다. 신기한 건 잘하는 사람들은 같은 조건에서도 해낸다는 것이다. 최적의 조건이 아니어도 자신이 할 수 있는 걸 찾아낸다. 차이는 실력이 아니라 마음가짐이다. 핑계는 편안하다. 실수의 책임을 외부로 돌릴 수 있으니까. 문제를 외부에서 찾으면, 해결책도 외부에 맡기게 되기 때문이다.

왜 이런 차이가 나는가? 결국은 멘털이다. 어떤 상황에서도 "해 보자"라고 말할 수 있는 마음. 완벽하지 않은 조건을 받아들이고 최선을 다하는 자세. 그것이 진짜 실력이다.

조건이 완벽해야만 실력을 발휘하는 사람은, 결국 어떤 순간에서도 실력을 낼 수 없다. 이상적인 상황은 오지 않는다. 진짜 실력은, '이상적이지 않은 상황'에서도 나오는 것이다. 지금 당장 코트 위에서 내가 할 수 있는 것, 그 안에서 최선을 찾는 것이 멘털의 기본이다. 핑계를 하나 지우면 그만큼 실력이 한 단계 올라간다.

통제할 수 있는 것 vs 통제할 수 없는 것

핑계를 대자고 마음먹으면 끝도 없이 할 수 있는 게 테니스다. 테니스라는 스포츠에는 정말 변수가 많기 때문이다. 하지만 난 그럴 때마다 이렇게 말하곤 한다.

"어떤 상황에도 불평하지 마라, 이겨 내라!"

상황도 바꿀 수 없고, 상대도 바꿀 수 없다. 하지만 들썩이는 내 기분과 마음은 다스릴 수 있다. 조건은 바꿀 수 없지만, 나의 행동과 선택은 바꿀 수 있다. 햇빛이 너무 강하다면 토스 각도를 바꾸면 된다. 슬라이스가 잘 안 먹히면, 스핀을 섞어 볼 수도 있다. 결국 중요한 건, 내가 무엇을 통제하느냐에 달려 있다.

그 통제의 시작이 바로 책임이다. 책임을 지는 순간, 바꿀 방법이 보인다. "상대가 잘해서 졌어요"라고 말하면 거기서 끝이다. "내 준비가 부족해서 졌어요"라고 인정해야 다음이 열린다. "운이 나빠서 실수했어요"라는 말은 변명일 뿐이다. "집중력이 떨어졌어요"라고 책임질 때, 다시 시도할 방법이 보인다. 그리고 힘이 생긴다. 핑계는 그럴듯하지만, 아무것도 바꾸지 못한다. 책임은 불편하지만, 언제나 변화를 시작하게 한다. 책임을 지는 순간, 무엇이 내 손에 달려 있고 무엇이 그렇지 않은지 분명해진다.

통제할 수 없는 것	통제할 수 있는 것
상대방의 실력	마음가짐
날씨와 바람	준비 상태
코트 상태	전술 선택
운과 변수	노력의 양과 질

포기하는 순간, 핑곗거리를 찾고, 할 수 있다고 생각하는 순간, 방법을 찾게 된다. 내 시선이 상대와 환경을 향하면, 온갖 핑곗거리와 변명이 따라온다. 하지만 '지금 내가 쳐야 할 하나의 샷'에 집중하는 순간, 내가 할 수 있는 선택과 행동의 변화가 시작된다.

핑계 vs 해결책 찾기

똑같은 상황이라도, 접근은 완전히 다를 수 있다. 핑계를 찾느냐, 해결책을 찾느냐. 이 작은 차이가 결국 경기를 바꾼다.

"오늘 백핸드가 안 맞아요" 안 맞을 수도 있다. 문제는 거기서 끝내느냐, 아니면 방법을 바꾸느냐에 달려 있다.

"안되면 방법을 바꿔 봐야지, 그럼 지금 뭐 할 건데?" 백핸드가 계속 안되면, 포핸드로 돌아서 칠 수도 있다. 공이 빠르면 리듬을 늦추고 템포를 조절할 수도 있다. 상대가 강하면, 강한 쪽을 피하고 약한 쪽을 노리는 전술을 써 볼 수도 있다. 같은 실수를 반복하는 대신, 한 가지라도 시도해 보는 것이 진짜 실력이다. 핑계 모드에 머무르면, 경기 내내 똑같은 말만 반복하게 된다. 해결책 모드로 들어서야, 같은 조건에서도 다른 결과를 만들어 낼 수 있다.

핑계 모드	해결책 모드
"공이 너무 빨라서 못 받겠어요."	"빠른 공을 받으려면 준비를 더 철저히 해야겠네요."
"바람이 불어서 집중이 안 돼요."	"바람을 고려해서 샷을 조절해 봐야겠어요."
"상대가 너무 잘해요."	"상대의 강점을 파악해서 대응 전술을 바꿔 봐야겠어요."

This Week's Action Mission

"핑계를 책임과 선택으로 바꾸는 루틴 만들기"

- 일주일 동안 떠오르는 핑계를 전부 적어 보자.

    ex "오늘 바람이 심해" "라켓이 안 맞아" "컨디션이 안 좋아"

- 핑계가 떠오르는 순간, 즉시 질문을 던지자.

    ex "그래서 지금 내가 할 수 있는 건 뭐지?"

- 안 되는 이유를 행동 언어로 바꿔 보자.

    ex "바람이 심해" → "스윙 궤도를 조절해 보자"
    "라켓이 안 맞아" → "그립 방식을 조금 바꿔 보자"

- 같은 조건에서 한 가지라도 다른 시도를 해 보자.

- 훈련 중 1시간 동안은 절대 핑계 금지, 문제가 생기면 무조건 해결책만 찾자.

 # Week 9 끌려가는 사람이 아닌 끌고 가는 사람

"흐름을 이끌 사람이 필요할 때,
그게 나라면 어떨까? 당신이 끌려가는
사람이 아니라 끌고 가는 사람이었으면 좋겠다.
그런 마인드라면,
경기뿐 아니라 삶도 달라질 것이다."

 한겨울에 얼음물을 깨고 들어가는 영상을 본 적이 있다. 정작 얼음물 속을 들어가는 리더는 추워 보이지 않은데 끌려가는 사람들은 왜 그리도 오두방정일까.
 결국 멘털이다. 내가 사람들을 끌고 가야 하는 입장이라면 앞장서서 보여 줘야 한다. 생각 자체가 '나는 끌고 가는 사람'이니까 강한 멘털을 가질 수밖에 없다. 그러니까 얼음물에 들어가도 평온하다. 반면 끌려 들어가는 사람들은 추워 죽겠다고 난리다.

우리는 끌고 가는 사람이었으면 좋겠다. 그런 마인드셋이면 좋겠다.

모두 겪어 봐야 알 수 있다

'끌고 가는 사람'이 되려면, 무엇이든 해 봐야 한다. 실력이 좋은 파트너와도 한 팀이 되어 보고, 나보다 부족한 친구와도 함께해 보고, 비슷한 실력의 파트너와 손발을 맞춰 보기도 하고. 그 모든 경험 안에서 '내가 어떤 태도로 이 흐름을 감당해 내는가'가 관건이다.

잘하는 파트너와 함께할 때

'파트너가 다 해 주겠지' 이런 생각이 스치면, 내 루틴도 느슨해지고 집중도 흐트러진다. 가끔 실수라도 하면 미안해서 더 위축되기도 한다. '내가 괜히 민폐인가?' 싶은 생각에 공 하나도 더 조심스럽게 치게 된다. 하지만 그럴수록 더 강하게 다짐해야 한다.

'그래도 나는 내 게임을 해야지'라는 마음으로 잘하든 못하든, 내 루틴과 흐름은 지켜야 한다. 그래야 좋은 파트너와 흐름을 함께 끌어가는 플레이를 만들 수 있다.

실력이 부족한 파트너와 함께할 때

'오늘은 내가 정신을 꽉 붙들어야 해!' '기댈 데가 없어, 내가 끌고 가야지' 이런 마음이 들면 내 안의 어떤 버튼 하나가 '딸깍' 하고 켜진다. 실수를 커버하면서도 감정은 끌려가지 않고, 흐름을 조율하면서도 파트너를 존중하는 마음을 지켜야 하는데 이게 쉽지 않다. 하지만 이런 상황일수록 끌고 가는 사람의 멘털과 루틴은 훈련된다.

실력이 비슷한 파트너와 함께할 때

실력이 비슷할수록 적극적인 소통과 리더십이 더 중요하다. 그냥 각자 자신의 롤만 지키다 끝나는 게 아니다. 서로 적극적으로 의견을 주고받고, 호흡을 맞추고, 파이팅하면서 함께 흐름을 만들어 가는 경험이 꼭 필요하다.

"이 공은 네가 받아 줘."
"이번엔 내가 먼저 들어갈게."
"괜찮아, 다음엔 우리가 잡자."

이런 말 한마디, 눈빛 하나, 공 하나에서 팀의 에너지가 살아난다. 이런 경험을 해 봐야 '끌고 간다'는 게 혼자 앞서 나가는 것이 아니라, 함께 움직이는 힘이라는 걸 비로소 깨닫게 된다.

결국 중요한 건 '지금 내가 어떤 파트너와 있는가'가 아니라, '그 상황 속에서 내가 어떤 태도를 선택하는가'이다. 그걸 다 겪어 봐야, 진짜 끌고 가는 사람이 될 수 있다.

다양한 상황 속 파트너십 체크 리스트

파트너가 누구든, 어떤 상황이든 나의 태도가 어땠는지 점검해 보자.

1. 나보다 잘 치는 파트너와 함께할 때

- '파트너가 다 해 주겠지'라는 생각 대신, 내 역할을 스스로 정했다.
- 주눅 들지 않고, 평소대로 내 루틴을 유지하려고 했다.
- 실수했을 때 '민폐인가?'라는 생각보다 다시 흐름을 회복하는 데 집중했다.
- 좋은 파트너에게 지나치게 의존하지 않고, 경기에 능동적으로 참여했다.
- 플레이가 위축되지 않도록 리듬과 타이밍을 스스로 조절했다.
- 경기 중 주도적으로 커뮤니케이션을 시도했다.
- 경기 후 파트너에게 의지보단 '협업했다'라는 감정을 느꼈다.
- 잘한 점 한 가지 이상을 경기 후 떠올릴 수 있었다.

2. 내가 리드하는 입장일 때

- 경기 중, 실수한 파트너에게 따뜻하게 반응했다.
- 내가 실수했을 때 핑계나 탓을 하지 않았다.
- 파트너 실수 후 흐름이 끊기지 않도록 리듬을 유지했다.
- 스코어가 불리할 때, 분위기를 바꾸려고 시도했다.
- 중요한 순간에 주도적으로 플레이를 선택했다.
- 경기를 마치고, 파트너에게 감사 인사를 전했다.
- 상대 흐름이 거셀 때, 플레이 방식을 바꾸려는 전략을 시도했다.
- 경기가 잘 안 풀릴 때 태도를 무너뜨리지 않았다.

3. 실력이 비슷한 파트너와 한 팀일 때

- 각자 알아서 치지 않고, 함께 움직이려는 마음이 있었다.
- "이건 네가 받아줘" "내가 먼저 갈게"처럼 명확한 커뮤니케이션을 시도했다.
- 포인트가 끝난 뒤, 눈빛이나 말로 긍정적인 에너지를 주고받았다.
- 파트너의 플레이를 기다려 주고, 인정하고, 존중하려고 했다.
- 서로의 실수를 탓하지 않고, 다음 포인트로 자연스럽게 넘어갔다.
- 위기 상황일수록 '같이' 풀어 보려는 태도가 있었다.
- 내 리듬뿐만 아니라, 파트너의 흐름도 함께 조율하려고 했다.
- 경기 후, '함께해서 더 좋았다'라는 마음이 남았다.

끌고 가는 사람의 진짜 실력은 '태도'다

대부분 동호인은 끌려가는 역할에 익숙하다. 파트너가 주도하면 맞춰 주고, 모임의 분위기를 살핀다. 하지만 실력이 늘기 위해서는, 끌고 가는 사람이 되어 보는 경험이 반드시 필요하다.

끌고 가는 사람은 먼저 다양한 샷을 시도하고, 경기를 이끌며 상대와 파트너의 움직임까지 디자인한다. 끌고 가는 사람은 '제일 잘 치는 사람'이 아니라 '제일 먼저 책임지는 사람'이다.

실수한 후에 흔들리지 않고 경기의 흐름을 끌어 가려고 노력해 본 사람은 다른 플레이어들을 대하는 태도가 다르다. 파트너가 흔들릴 때 그 리듬을 되찾아 주고, 상대가 강하게 나올 때 흐름을 다시 자신의 쪽으로 돌려 보려고 시도한다. 핑계 대지 않고, 누군가를 탓하지도 않는다. 오롯이 자신이 책임을 지고 묵묵히 경기를 끌고 나간다. 이 모든 과정에서 그동안 쌓아 온 기술, 마음, 태도가 고스란히 드러난다.

대부분은 잘 치는 사람과 파트너가 되고 싶어 한다. 하지만, 끌고 가는 입장이 되면, 내가 어떤 사람인지 선명하게 보이기 시작한다. 내가 아는 것, 부족한 것, 믿고 가는 무기가 무엇인지 그 모든 게 적나라하게 드러난다.

책임감, 태도, 집중력, 멘털까지. 결국은 '내가 어떤 사람인지' 마주하게 된다.

This Week's Action Mission

"끌려가는 사람 말고 끌고 가는 사람!"

- 다양한 입장에서 경기해 보자.
- 내가 리드하는 파트너십으로 경기해 보자.
- 실력자와 칠 때, 지나치게 주눅 들지 않도록 멘털을 관리하자.
- 경직된 파트너를 격려하는 멘트를 준비해 보자.
- 다양한 상황에서의 플레이를 떠올려 보고 잘한 점을 한 가지씩 기록하자.

누구나 경기를 하다 보면 흔들린다.
마음이 무너지면 몸도 따라 굳고,
생각은 더 부정적으로 흐른다.
이 파트에서는 무너질 것 같은 순간에
다시 중심을 찾는 방법을 다룬다.
불안을 마주하고, 멈춘 몸을 깨우며,
생각을 다시 세우는 구체적인 방법이 담겨 있다.
각 장의 ACTION MISSION을 따라가며
당신만의 회복 루틴을 만들어 보자.
어떤 순간에도 '나를 회복하는 법'을 찾을 수 있도록.
흔들려도 괜찮다.
중요한 건 다시 일어나는 연습이다.

Week 10 불안이 몰려올 땐 잔발과 호흡으로 몸을 깨워라

"불안할수록 멈추지 마라.
잔발 잔발! 한 발 한 발 움직여라.
작은 움직임 하나가 멈춘 마음을 깨운다.
그 순간, 다시 경기가 시작된다."

"빠른 공이 오면 잘 치는데, 왜 느린 공은 더 어렵죠?"

상대가 강하게 쳐서 빠르게 오는 공은 의외로 잘 받아 낸다. 몸이 자연스럽게 반응하고, 생각할 틈 없이 라켓이 움직인다. 속도가 빠른 경기에서는 분석할 시간도, 걱정할 시간도 없다. 몸과 마음이 하나가 되어 반사적으로 반응한다.

위험한 순간, 공이 '통~' 하고 천천히 올 때

상대가 힘을 살짝 빼서 '통~' 하고 느리게 보내오는 공은 이상하게 치기 어렵다. 공이 천천히 오면 시간이 많아지고, 그 순간 머릿속에는 온갖 생각이 몰려온다.

'어디로 칠까?' '실수하면 어쩌지?' '이번엔 제대로 해 보자'

생각이 많아질수록 몸은 어색해지고, 자연스럽던 움직임이 사라진다. 공이 높이 떠서 천천히 날아오거나, 상대가 준비 동작을 길게 가져갈 때, 우리는 자연스럽게 기다리는 자세가 된다. 이 기다림 속에서 몸은 멈추고, 불안과 긴장이 스며든다. 머릿속은 복잡한 생각으로 가득 차고, 발끝부터 어깨까지 점점 굳어간다.

'이번엔 코스를 정확히 노려 보자'
'실수하지 말고 안전하게 가자'
'상대가 어디로 올지 예상해 보자'

이런 생각이 이어질수록 몸은 더 경직된다. 평소에는 자연스럽게 하던 준비 동작도 부자연스러워지고, 발이 무거워진다. 결국 공이 다가오는 순간에는 몸과 마음이 따로 논다. 가만히 서서 기다리면 불안은 더 빨리 파고든다. 움직이지 않는 시간이 길어질수록 긴장은 커지고, 부정적인 생각도 커진다. 마치 고요한 밤에 작은 소리가 더 크게 들리듯, 멈춘 몸에는 불안이 더 선명하게 느껴진다.

잔발의 힘, 작은 움직임이 경기를 바꾼다

불안한 상황에서 사람은 본능적으로 '생각'에 머무는 경향이 있다. '이래도 되나?' '또 실수하면 어쩌지?' '상대가 더 잘하는 것 같아'라는 생각이 들면, 몸은 굳고, 움직임은 느려지고, 실전 감각은 흐려진다. 그럴 땐 생각에서 빠져나와, 작은 루틴 하나라도 실행하라. 호흡을 가다듬고 몸을 움직이면 흐름이 다시 돌아온다.

움직임이 시작되면 불안은 사라진다. 잔발을 시작하면 몸이 먼저 깨어난다. 발끝이 움직이면 호흡이 돌아오고, 굳었던 마음도 조금씩 풀린다. 그 작은 움직임이 다시 경기를 이어 가는 첫 번째 신호가 된다.

많은 사람이 불안을 생각으로만 이겨 내려고 한다. 긍정적인 말을 되뇌고 마음을 다잡아 보지만, 이미 몸이 경직된 상태라면 달라지지 않는다. 머릿속에서는 '할 수 있다'라고 하지만, 몸은 '준비가 안 됐다'라는 신호를 보낸다.

불안은 단순한 생각에서 끝나지 않는다. 몸의 긴장과 결합할 때 더 크게 자란다. 그래서 불안을 풀어내려면 머릿속에서만 애쓰지 말고 몸부터 깨워야 한다. 작은 움직임이 다시 호흡을 돌려 마음을 풀어낸다.

불안은 가만히 멈춰 있을 때 더 커진다. 생각은 꼬리를 물고, 걱정이 자라난다. 하지만 몸을 움직이기 시작하면 불안은 설 자리를 잃는다. 운동선수들이 경기 전에 몸을 풀고 움직이는 이유도 같다. 몸을 깨우는 동시에 마음을 깨우는 것이다. 테니스 코트에서도 마찬가지다. 불안이 몰려와도 멈추지 마라. 잔발 잔발! 멈추지 말고 움직여라.

멈추는 순간, 생각이 몰려온다

테니스에서 가장 위험한 순간은 언제일까? 바로 바쁘게 움직이지 않고 생각할 시간이 생기는 그 순간이다. 서브를 준비할 때, 중요한 포인트를 앞두고 있을 때, 점수를 지키려 할 때, 그 잠깐의 정적 속에서 마음이 흔들린다. '이 서브만 잘 넣으면…' '이제 실수하면 끝인데…' 머릿속이 복잡해질수록 몸은 점점 무겁고 둔해진다. 경기 중에도 상대가 준비 동작으로 시간을 오래 끌 때, 서브 전 대기 시간 등 이런 순간에는 움직일 필요가 없어 보인다. 그래서 자연스럽게 가만히 서서 기다리게 된다. 그리고 바로 이때 함정이 시작된다.

결국 불안을 키우는 건, 단순히 시간이 많아진 순간이 아니다.

그 틈에 자라는 생각이다. 생각이 많아질수록 몸은 굳어지고, 자연스러운 움직임은 사라진다. 평소 별생각 없이 하던 동작들이 어색해지고, 발은 무거워지고, 호흡은 얕아진다. 결국 공이 다가오는 순간, 몸과 마음이 완전히 따로 놀게 된다.

불안은 늘 예상치 못한 순간에 찾아온다. 몸을 깨우는 단순한 루틴은 긴장의 흐름을 되돌린다. 지금부터 하나씩 시도해 보자.

불안을 깨우는 상황별 잔발 루틴

상황	실천 루틴
느린 공이 올 때	• 뒤로 한두 걸음 빠졌다가 다시 베이스라인으로 들어오며 잔발 • 공을 기다리는 동안 제자리에서 가볍게 발을 떼며 리듬 유지 • 라켓을 살짝 흔들며 어깨 긴장 풀기
상대의 준비 시간이 길어질 때	• 제자리에서 계속 잔발하며 스텝 밟기 • 어깨 돌리기 + 무릎 살짝 구부렸다 펴기 반복 • 라켓 그립을 살짝 조정하며 집중 유지
중요한 포인트 직전 (듀스, 브레이크 포인트)	• 제자리 잔발로 리듬 유지 • 숨을 깊게 들이마시고 내쉬며 심호흡 3회 • 가볍게 라켓을 돌리며 손목과 팔 긴장 풀기
서브 전 긴장될 때	• 베이스라인에서 좌우로 2~3보 이동하며 몸풀기 • 토스 동작 연습하며 타이밍 점검 • 잔발로 리듬을 유지하며 긴장 이완
상대가 토스를 다시 하거나 시간을 끌 때	• 즉시 준비 자세를 해제하고 제자리에서 잔발 • 어깨와 목 돌리기 + 라켓 살짝 흔들기 • 호흡에 집중하며 긴장 완화

This Week's Action Mission

"불안이 시작되면,
작은 움직임으로 몸부터 깨워 보자"

- 경기 전, 불안해지는 순간을 미리 떠올려 보자.

  ex 서브 대기, 느린 공을 기다릴 때, 중요한 포인트 직전 등

- 경기 중, 생각이 많아지는 순간을 알아차리면 발끝부터 작은 움직임을 시작하자.

  ex 가볍게 제자리에서 잔발, 스텝, 라켓 흔들기

- 서브나 리턴 준비 시간에 작은 움직임으로 몸의 긴장을 풀어 보자.

- 경기 중 최소 3번 이상, 생각 대신 움직임으로 불안을 끊는 경험을 해 보자.

Week 11 스매싱 공포, 도망가지 말고 한 발만 버려라

"스매싱 앞에서 등을 돌리는 순간,
'태평양 같은 빅홀'이 생긴다. 그러니 절대
등을 보이지 마라. 도망가지 마라.
그리고 그 자리에서 버텨라! 등을 돌리면
끝이지만, 한 발만 버티면 기회가 온다."

"로브가 짧아져서 상대 전위 스매싱에 자꾸 걸려요. 근데 너무 무서워요."

상대가 스매싱을 내리치려고 하는 그 순간, 누구나 겁이 난다. 맞으면 아플 것 같고, 이대로 포인트가 끝날 것 같다. 순간 두려움이 몸을 먼저 움직이게 한다. 아예 등을 돌리는 경우도 있고, 코트 밖으로 도망치는 경우도 허다하다.

그런데 그렇게 등을 돌리고 도망쳐 버리면 코트에 '태평양 같은 빅홀'이 생긴다. 그 큰 구멍은 파트너 혼자 절대 감당할 수 없다. 그러면 경기는 이미 상대의 것이 된다. 이미 큰 공간이 생긴 코트 어디에든 쉽게 공을 보내 포인트를 따낸다.

도망치면 끝, 버티면 기회가 온다

빅홀은 도망가면 커지고, 버티면 작아진다. 그래서 도망치지 않아야 한다. 스매싱 앞에서 등을 돌리지 않고 버티면 상황은 달라진다. 상대가 나의 시선을 본다. 그 순간부터 마음이 편하지 않다. '저걸 뚫어야 한다' '실수하면 안 된다'라는 부담이 생기고, 타이밍이 흔들린다. 그 작은 긴장이 공의 정확도를 바꾼다. 하지만 내가 버티는 순간, 상대도 흔들린다. 스매싱도 결국 하나의 공일 뿐이다. 어떻게든 라켓을 갖다 댈 기회를 만드는 것이 중요하다.

무턱대고 상대하라는 말도, 억지로 견디라는 것도 아니다. 준비하고 버티면 할 수 있다.

1. 한 발 뒤로 물러나라

가까이 붙어 있으면 반응할 시간이 부족하다. 한 걸음만 물러서면 공이 조금 더 또렷하게 보인다.

2. 무릎을 굽히고 자세를 낮춘다

발은 어깨너비로 벌리고, 몸의 중심을 낮춘다. 시선이 낮아지면 더 빠르고, 더 안정적이고, 더 정확하게 대응할 수 있다.

3. 라켓을 단단히 잡고, 눈을 떼지 않는다

상황을 계속 주시해야 한다. 상대를 똑바로 봐야 한다. 공이 상대 라켓을 떠나는 순간부터, 내 코트에 떨어질 때까지 절대 시선을 놓지 말아야 한다.

4. 적극적인 마음을 준비한다

'맞아도 좋다, 나는 도망가지 않는다' '어떻게든 라켓을 갖다 댄다' 이런 적극적인 마음이 있어야 몸이 버틸 수 있다. 도망치는 순간들은 기술 부족으로만 생기지 않는다. 대부분 두려움과 압박을 어떻게 받아들이냐의 문제다. 마음이 등을 돌리는 순간, 몸도 따라서 물러난다.

도망치지 말자. 포기하지 말자. 물러서지 말자. 되든 안 되든 우선 라켓을 갖다 대 보자. 그리고 아주 조금이라도 밀어 보자. 실패해도 괜찮다. 처음엔 쉽지 않다. 그래도 한번 해 보면 경험이 쌓인다.

실패했을 때 기억할 것들

- 도망가지 않고 버틴 것 자체가 성공이다.
- 상대방도 부담을 느꼈다는 점을 기억하라.
- 다음에는 더 잘할 수 있다는 자신감을 가져라.
- 파트너와 함께 상황을 돌아보며 개선점을 찾아라.

버티면 상황이 달라진다. 기회가 생긴다. 그리고 내가 버텨서 상대의 스매싱이 실패하는 순간, 이번엔 상대방이 부담을 느끼기 시작한다. '스매싱 공포'가 상대에게 넘어간다.

스매싱을 날리는 사람도 두려움이 있다

스매싱은 기회다. 한 방으로 랠리를 끝낼 수 있는 순간이다. 하지만 그 기회가 오히려 압박이 된다. '이걸 무조건 끝내야 한다' '실패하면 다 내 탓이다' 이런 생각이 스윙에 힘을 싣고, 마음을 조급하게 만든다. 스매싱을 준비하는 순간, 상대를 바라본다. 상대가 등을 돌리고 도망치면 마음이 편하다. 공간이 크게 열려 있다. 어디로 치든 점수가 된다.

하지만 상대가 버티고 서서 나를 똑바로 보고 있으면 이야기가 달라진다. 그 시선이 나를 흔든다. '저걸 뚫어야 한다' '실수하면 안 된다' 이러한 생각이 많아질수록 타이밍이 흔들린다. 어디로 쳐야 할지 망설이는 순간, 공은 이미 다가오고 있다.

　스매싱 공포를 다루는 방법은 단순하다. 결과에 매달리지 않는 것이다. '이 공을 꼭 끝내야 한다'라는 부담을 내려놓는다. 그 대신 한 가지에만 집중한다. '공을 중심에 정확하게 맞추자' 힘을 덜어내고, 타이밍을 기다리고, 라켓 중심에 공을 싣는 것. 그게 스매싱의 본질이다.

　급하게 휘두르려 하지 마라. **스매싱도 결국 하나의 공이다. 그 공에 집중하면 된다.** 마음을 단순하게 가져라. 실수할까 두려워하지 마라. 결과가 아니라 과정에 집중할 때, 스매싱은 더 이상 부담이 아니다. 스매싱 앞에서 버티는 사람도, 스매싱을 때리는 사람도 결국 '두려움'이라는 같은 벽에 부딪힌다. 그 두려움을 받아들이고 한 발 더 나아가는 순간, 경기는 달라진다.

This Week's Action Mission

"도망가지 말고, 한 발 버텨 보자"

- 스매싱 앞에서 한 발 더 버텨 보자.
- 스매싱 상황에서 나는 어떻게 반응하는지 관찰해 보자.

    ex 도망가는지, 등을 돌리는지, 어떤 생각이 드는지

- 파트너와 스매싱 상황에서 서로 어떻게 대응할지 대화하고 연습하자.

Week 12   부정적 생각엔 생각 채널을 돌려 "Bye!"

"부정적인 생각은 플레이되고 있는 채널과 같다.
같은 화면이 반복 재생된다. 중요한 건
'왜 이런 생각이 드는지' 분석하기 전에
채널부터 돌리는 거다. 머릿속 리모컨을 들어라.
그리고 단호하게 눌러라. 다음 채널로!"

"서브 앤 발리를 하고 싶어요."
"그럼 한번 해 봐!"

처음 서브 앤 발리를 시도할 때, 많은 사람이 공을 치자마자 무작정 정면으로 달려든다. 그럴 때 나는 이렇게 말한다.
"뭐가 그렇게 불안해서 정면으로 들어와?"
정면으로 달려가는 이유는 단순하다. 놓치면 안 된다는 조급함, 빨리 들어가야 한다는 불안, 처음부터 잘해야 한다는 강박이 한꺼번에 올라오기 때문이다. 이런 마음이 커지면 몸이 준비되지 않은 상태에서 그대로 앞으로만 쏠리게 된다.

불안이 커지면 시야가 좁아지고, 시야가 좁아지면 할 수 있는 동작도 줄어든다. 원래 서브 앤 발리는 '빨리 들어가는 기술'이 아니다. 들어갈 때는 상대의 움직임을 보고, 임팩트할 때는 몸을 옆으로 틀어 공을 보면서 움직여야 한다. 하지만 조급함에 사로잡히면 그 단순한 순서를 지키지 못한다.

불안함이 몰려오는 타이밍을 포착하라

사람마다 불안이 몰려오는 순간은 다 다르다. 어떤 사람은 백핸드에서 주눅이 들고, 어떤 사람은 전위에만 서면 마음이 불안해진다. 누구는 한두 번 실수가 겹치면 곧바로 부정적인 생각이 고개를 든다. 어떤 사람은 이기고 있을 때부터 이상하게 몸이 굳어가고, 또 어떤 사람은 점수가 벌어지기 시작하면 마음이 급해진다. 불안은 각자 자기만의 타이밍과 방식으로 찾아온다.

그래서 가장 먼저 언제, 어떤 상황에서 부정적인 생각이 시작되는지, 어떤 장면에서 몸과 마음이 분리되는지 그 순간을 알아야 한다.

다음의 표에서 해당하는 항목에 표시해 보자. '내가 언제부터 흔들리기 시작하는지'를 알아두면, 그 순간에 생각 채널을 바꿀 힘이 생긴다.

마인드가 흔들리는 순간

부정적인 생각이 몰려오는 타이밍	순간의 생각	몸의 반응
· 중요한 순간 직전	· 또 실수하면 어쩌지?	· 몸이 굳는다
· 실점 상황	· 파트너에게 미안하다	· 시야가 좁아진다
· 연속 실수를 했을 때	· 왜 이렇게 못하지?	· 숨이 가빠진다
· 이기고 있을 때	· 잘하는 걸 보여 주고 싶다	· 스텝이 멈춘다
· 상대가 압박할 때	· 이겨야만 한다	· 머릿속이 하얘진다
· 관중이 많을 때	· 어떻게든 만회해야 한다	· 손발이 떨린다

'Bye!' 생각 채널을 돌려라!

경기 중 실수하고 나면 머릿속에서 온갖 생각이 반복 재생된다. '상대에게 미안하고, 다른 사람에게도 미안하고…, 더블 폴트를 또 할까 봐 걱정되고…' 이렇게 자책과 후회가 꼬리를 물기 시작하면, 생각에 매몰되어 몸이 따로 놀기 시작한다. 공을 쫓아가야 하는데, 이미 마음은 한참 전에 끝난 포인트에 붙잡혀 있다.

부정적인 생각은 그저 '틀어 둔 채널'일 뿐이다. TV 채널과 똑같은 원리다. 부정적 생각이 시작되면, 마치 고장 난 TV처럼 같은 화면이 계속 반복된다. 보고 싶지 않으면 리모컨을 들어 채널을 돌리듯, 생각 채널을 돌리면 된다.

분석은 경기가 끝난 다음에 해도 늦지 않다. 지금은 그저 이 순간에 집중해야 한다. 실수를 왜 했는지는 나중에 차근히 돌아보자. 경기 중에는 '왜?'가 아니라 '어떻게?'가 중요하다. '왜 이런 생각이 드나?' 하고 붙잡히지 말고, '어떻게 하면 지금 상황을 극복할 수 있을까?'를 물어야 한다.

부정적인 생각은 분석할 대상이 아니다. 그냥 돌려보내면 된다. 크게 'Bye~!' 하고 보내 버리자. 그 순간 다음 화면이 열린다.

"또 실수할 것 같아" → "Bye!" → "이번엔 천천히"
"파트너에게 미안해" → "Bye!" → "다음 공에 집중"
"왜 이렇게 못하지?" → "Bye!" → "할 수 있어"

부정적인 생각과 싸우지 마라. "Bye!" 한마디면 충분하다. 계속 연습하다 보면, 경기하는 그 순간에 더 단단히 집중할 수 있게 된다. **기억하라. '생각 리모컨'은 늘 당신의 손에 있다.**

This Week's Action Mission

"생각 채널 돌리기 루틴 실천하기!"

- 불안해지는 순간(언제, 어떤 상황)을 기록해 보자.
- 경기 중 부정적인 생각이 드는 순간, 즉시 "Bye!" 하면서 생각 채널을 돌려 보자.
- 경기 후, 생각 전환이 잘 됐는지, 어떤 변화가 있었는지 돌아보며 피드백하자.

Week 13 어제는 됐는데 오늘은 안돼? 괜찮아, Let it go!

"어제는 됐는데 오늘은 안된다고? 당연한 거다.
'원래 그런 거다' 생각하면 스트레스를
받지 않는다. 이걸 경기 중에 찾아내려 애쓰고
집착하면 그 경기는 끝난다.
안된다고? 괜찮다. 오늘은 그냥 Let it go!"

어제는 모든 공이 스위트 스폿 Sweet Spot(라켓 면 가운데 부분, 가장 반발력이 좋고 진동이 적게 발생하는 최적의 지점)에 정확히 맞았고, 백핸드 크로스도 기가 막혔고, 서브도 원하는 곳에 꽂혔다. '드디어 늘었구나!' 하며 뿌듯함을 가득 안고 집에 돌아왔다. 그런데 다음 날, 같은 코트에서 같은 라켓으로 치는데 모든 게 어긋난다. 어제 그렇게 잘되던 스트로크는 족족 네트에 걸리고, 서브는 아웃되고, 발리는 쳤다 하면 홈런이다. 순간 머릿속이 하얘진다.

"포핸드, 백핸드, 서브, 발리…, 너나 할 것 없이 자꾸 집을 나가요. 어제는 됐는데 오늘은 갑자기 왜 안될까요?"

"40년 가까이 테니스를 쳐도 아직도 안되는 게 테니스야. 잘 안되는 게 정상적인 거지. 그러니 생각을 이렇게 바꿔 보면 어떨까? 아, 오늘은 이게 되는구나!"

"아, 그렇지! 테니스를 얼마나 쳤다고…."

안되면 참 마음이 어지럽고 화도 나지만, 속상해하는 데 너무 많은 시간을 쏟지 마라. 그냥 "Let it go!" 하면 그만이다.

어제는 됐는데 오늘은 왜 안될까?

사실 이는 당연한 일이다. 테니스는 수많은 변수가 복합적으로 작용하는 스포츠다. 몸의 상태도 매일 다르다. 어제와 오늘의 근육 상태, 피로도, 수면의 질이 같을 수 없다. 날씨와 환경도 달라진다. 바람의 방향과 세기, 습도, 온도는 공의 궤적과 타구감에 영향을 준다.

상대가 같더라도 그 역시 몸의 상태가 다르다. 어제와 다른 공의 속도와 스핀, 플레이 스타일로 내 리듬을 흔든다. 무엇보다 마음의 상태가 매 순간 변한다. 기대감, 부담감, 자신감이 몸의 움직임을 바꾼다.

어제의 완벽함은 그날만의 특별한 조합이었을 뿐이다. 모든 조건이 우연히 맞아떨어진 순간이었다. 그걸 오늘도 똑같이 재현하려고 하는 건, 마치 어제와 같은 구름을 만들려는 것과 같다. 그러니 어제와 오늘이 다르다고 해서 실망할 필요는 없다. 그런 날은 안되는 이유를 끝까지 찾으려고 애쓰지 않아도 된다.

경기 중에 이유를 찾으려 하지 마라

문제는 어제의 성공에 집착하기 시작할 때 생긴다. '어제는 이렇게 했는데…' '어제처럼 하면 될 텐데…'라고 생각하며 똑같이 재현하려고 애쓴다. 하지만 이 노력이 오히려 독이 된다.

과거의 성공에 매달리는 심리에는 몇 가지 부작용이 있다.

첫째, 의식적 개입이 늘어난다. 어제 자연스럽게 했던 동작을 오늘은 머릿속으로 분석하고 따라 하려 한다. '어제는 테이크백을 이 정도로 했는데' '발의 위치가 이랬는데' 하고 자꾸 의식적으로 조작하려 든다. 하지만 테니스의 리듬은 머리로 계산해서 만들어지지 않는다.

둘째, 긴장이 커진다. '어제처럼 잘해야 한다'라는 부담이 몸을 경직시킨다. 어제의 기억이 오늘의 기준이 되고, 그 기준에 못 미치면 바로 좌절한다. 이 긴장이 자연스러운 스윙을 막는다.

셋째, 현재를 놓치게 된다. 마음이 어제에 매달려 있으면, 순간의 공과 바람, 몸 상태를 보지 못한다. 테니스는 어제가 아니라 지금 여기에서 벌어지고 있다.

넷째, 조급함이 생긴다. '왜 안돼?'라는 마음이 더 큰 실수를 부른다. 한두 번 안되면 더 세게 치고, 더 정확하게 하려 애쓰다가 결국 리듬을 완전히 잃는다.

경기 중엔 이유를 찾으려고 하지 마라. 생각은 나중에, 경기가 끝난 뒤 해도 늦지 않다. 잘 안되는 날에도 그대로 흘려보내는 연습이 필요하다. 그게 테니스를 오래 즐길 수 있는 멘털의 기본이다.

그냥 받아들이고 Let it go!

잘 안 풀리는 상황을 '문제'로 여기기보다는 '자연스러운 흐름'으로 인정하는 것이 멘털 관리의 출발점이다. 어제의 기준에서 벗어나 오늘의 나를 받아들이는 것이다. 안되는 것에 집착하지 말고, 잘되는 것으로 플레이하면 된다. 우리 몸엔 '항상성'이 있어서 원래대로 돌아오려는 관성이 있다. 잘 안되는 건 잠시 잊고 며칠 쉬어 가면 다시 몸이 기억하는 대로 돌아온다.

테니스는 결국 사람이 하는 경기다. 그렇기에 날마다 달라질 수밖에 없다. 몸이 무거우면 안전하게 치고, 감각이 좋으면 도전적으로 목표를 조정한다. '백핸드는 안되지만, 발리는 좋네' '실수는 잦지만 집요함이 강해졌네' 이렇게, 어제만큼 완벽하지 않아도 지금 적용할 수 있는 작은 개선점을 찾아보자.

프로도 매일 다르다. 조코비치도 안되는 날이 있었고, 페더러도 완벽하지 않은 날이 많았다. 그러니 "괜찮다"라고 말해 주자. "오늘은 이 정도면 돼"라고 말하는 순간, 마음이 편해진다. 마음이 편해지면 몸도 편해지고, 자연스러운 플레이가 나온다.

Let it go! 어제의 기대를 잠시 내려 두고 오늘의 나를 그대로 바라보자. 매일 다른 나를 만나는 것 또한 테니스의 깊은 매력이다.

This Week's Action Mission

"Let it go 마인드 실천하기"

- '어제는 이랬는데…'라는 생각이 들 때마다 '오늘은 오늘'이라며 현재에 집중하자.
- 매일 코트에 나가기 전 오늘의 상태를 체크하고, 그에 맞는 현실적 목표를 세우자.
- 실수하거나 어제만큼 안될 때 자신에게 "괜찮다, 오늘은 이 정도면 충분해"라고 말해 주자.

Week 14 "더 이상 늘지 않아요" 이대로 포기하고 싶어질 땐?

"권태기가 왔다면, 그건 당신이 이미
많은 걸 해 왔다는 증거다.
성장의 문턱에 와 있다는 신호이기도 하다.
물방울이 바위를 깨듯, 지금은 변하지
않는 듯해도 분명 조금씩 성장하고 있다.
그저 이 시기를 잘 보내고
이겨 내려는 마음 하나면 충분하다."

"다른 사람들은 다 잘하는데 저만 늘 제자리인 것 같아요."
"더 이상 늘지 않아요. 그만둬야 할까요?"

테니스를 시작한 지 몇 년이 지나면 누구나 한 번쯤 이런 순간을 맞이한다. 처음에는 매일매일 늘어 가는 게 눈에 보였다. 서브가 들어가기 시작하고, 랠리가 이어지고, 상대방과 주고받는 재미를 알아 갔다. 그런데 어느 순간부터 멈춘 것 같다.

그렇게 재미있던 테니스. 일할 때도, 밥을 먹을 때도, 심지어 꿈에서도 테니스만 생각했는데…. 그런데 어느 날 예고 없이 권태기가 찾아온다. 제대로 맞는 공도 없고, 플레이는 엉망진창이고, 아무리 연습해도 늘지 않는다. 새로운 기술도 좀처럼 몸에 붙지 않는다. 이 시기에 가장 많이 드는 생각이 '나는 여기까지인가?' 하는 체념이다. 해도 재미없고, 안 하면 뭔가 찝찝한 애매한 상태. 여기가 끝인 것 같다. 더 이상 앞이 보이지 않는다.

하지만 다음 레벨은 분명히 있다

재미도 없고 답답하게 느껴지는 이 구간이 바로 반드시 넘어야 할 문턱이다. 이걸 못 버티면 거기서 끝이다. 하지만 버티면 거기서부터 또 새로운 시작이 열린다. 지금까지의 방식으로는 더는 늘지 않으니, 그동안 당연하다고 생각했던 것들을 다시 돌아보고, 내가 놓친 기본을 점검할 때가 왔다는 뜻이다. 그리고 한 번 더 도약하려면, 새로운 자극과 시도를 두려워하지 않아야 한다.

권태기는 초보자가 겪지 않는다. 매일 새롭고, 매일 조금씩 늘어 가는 단계가 끝났기에 찾아오는 수준 높은 고민이다. 어떤 사람은 이 지점에서 포기하고, 누군가는 버틴다. 이 둘의 차이는 특별한 재능이 아니라 '그냥 잘 지나가 보자!' 하는 마음가짐이다.

방법이 정해져 있는 것은 아니다. '넘겨 봐야겠다'라는 마음이 중요하다. 코트에 나가 공을 쳐 보고, 다시 라켓을 잡아 보는 것. 그저 최선을 다해 이겨 보겠다는 마음이면 충분하다. 끊임없이 떨어지는 물방울은 결국 바위를 뚫는다.

테니스도 마찬가지다. 매일매일 조금씩 쌓여 간다. 오늘 한 시간 연습한다고 갑자기 늘지 않는다. 하지만 그 한 시간이 모여서 한 달이 되고, 한 달이 모여서 1년이 된다.

지금은 변하지 않는 것 같아도 분명 조금씩 성장하고 있다. 눈에 보이지 않을 뿐이다. 근육이 기억하고, 감각이 쌓여 가고, 경험이 축적되고 있다. ==성장은 직선이 아니라 계단식이다. 평탄해 보이는 구간이 지나면 곧 한 칸 올라설 수 있다.==

테니스는 평생 할 수 있는 운동이다. 5년을 해 본 사람에게만 보이는 재미가 있고, 10년쯤 되어야 비로소 알 수 있는 깊이가 있다. 그리고 20년이 되면, 또 다른 차원의 테니스를 만난다. 지금 그만둘 이유는 없다. 테니스는 원래 그런 운동이다. 뜻대로 되는 날보다, 잘 안되는 날이 훨씬 많다. 그래서 괴롭고, 그래서 더 깊이 빠져들게 된다. 그게 테니스다.

권태기는 끝이 아니라 또 다른 시작임을 잊지 말자. 조금만 더, 조금만 더. 그러다 보면 어느 날 다시 공이 맞고, 웃음이 나올 것이다. 그리고 그때 깨닫게 될 거다.

"아, 이래서 포기하지 않길 잘했구나."

나만의 방식을 찾아라, 절대 비교하지 마라

이 시기에 가장 경계해야 할 것은 바로 '남과의 비교'다. '쟤는 나보다 늦게 시작했는데 왜 더 잘하지?' '나는 왜 늘 제자리인가?' 이런 생각이 꼬리를 물면, 테니스는 더 이상 즐기는 운동이 아니라 매번 억지로 치러야 할 중간고사 같은 테스트가 된다.

테니스를 친 지 3~4년밖에 안 됐는데, 대회에서 성적을 내는 사람들이 있다. 그럴 때 가장 먼저 드는 생각은 '저 사람은 나보다 훨씬 적게 쳤는데 벌써 저만큼 올라갔네'라는 비교다. 하지만 한번 생각해 봐라. 그 사람의 3년과 당신의 3년은 절대 같지 않다. 그 기간 안에 얼마나 많은 시간과 노력을 들였는지는 아무도 모른다.

표면적으로 보이는 연차만으로 실력을 단정 짓고 비교하는 건 아주 위험한 생각이다. 원하는 걸 얻으려면, 남과 비교하는 대신 내 리듬에 맞춰 하나씩 쌓아가야 한다. 어차피 테니스는 오래 해야 깊이가 생긴다. 하지만 오래 하는 것만으로는 저절로 실력이 쌓이진 않는다. 몇십 년씩 해도 여전히 어렵고 여전히 도전할 것이 많은 운동이 테니스다.

남하고 비교해서 자책하는 건 아무 소용없다. 그 시간에 코트에 나가 한 번이라도 더 라켓을 잡는 게 낫다. 조급해하지 말고,

당신의 템포로 계속 배우고 점검하며 쌓아가라. 그게 진짜 오래 가는 힘이다.

혹시 지금, 포기하고 싶은 순간에 와 있는가? 이 시기를 건너갈 실마리는 결국 당신이 가지고 있다. 아래 질문에 하나씩 답해 보자. 그 답은 이미 당신 안에 있다.

1. 지금 나를 가장 지치게 만드는 건 무엇인가?
- 같은 결과의 반복
- 재미없다는 감정
- 비교에서 오는 열등감
- 몸이 따라 주지 않는 피로감
- 다른 이유

2. 이 시기를 어떻게 지나고 싶은가?
- 잠시 쉬면서 충전하기
- 새로운 루틴과 방식 시도하기
- 초심으로 돌아가기
- 즐기는 마음 회복하기

3. 당장 해 볼 수 있는 작은 시도는 무엇인가?

- 경기하는 동안 점수에 연연하지 않고 공의 감각만 느껴 보기
- 다른 파트너, 다른 코트에서 연습하기
- 새로운 취미를 잠시 가져 보기
- 테니스를 하며 즐거웠던 추억 떠올려 보기

4. 권태기를 지나는 동안 자신에게 해 주고 싶은 격려 한마디는?

- 완벽하지 않아도 괜찮아
- 비교하지 말자, 나만의 속도가 있잖아
- 다시 버텨 보는 '나', 진짜 대단하다!
- 기타

This Week's Action Mission

"나만의 템포를 찾아서!"

- 다른 사람과의 비교를 멈추고, 나만의 속도를 찾자.
- 코트에 나가기 전 '오늘의 작은 목표'를 적어 보자.
  ex 공의 감각에 집중하기, 즐겁게 움직이기
- 원하는 대로 안 풀린다고 포기하지 말자.
- 작은 시도를 한 가지라도 해 보자.
- 진짜 최선의 노력을 했는지, 다시 한번 돌아보자.

Week 15 레슨 땐 되는데, 왜 경기만 하면 안될까?

"레슨과 경기에서의 차이는 단순하다.
레슨은 실수를 허락하지만, 경기는 결과로
평가한다. 마음이 달라지면 몸도 달라진다.
100원짜리를 주머니에 백 개 넣고 있을 때와
하나만 넣고 있을 때 마음이 같을까?
연습과 실전은 다르다.
그 차이를 인정하는 것에서 시작하라."

"분명 레슨 받을 때는 잘 됐는데, 경기만 하면 왜 이 모양일까요. 저는 언제쯤 레슨 때처럼 경기에서도 편하게 공을 칠 수 있을까요?

레슨에서 공을 칠 때는 마음이 편안하다. 박스에는 몇백 개의 공이 있다. 다음 공이 계속 넘어오기 때문에 실수를 만회할 기회가 충분하다. 코치가 치기 좋게 맞춰 주고, 힘들 땐 격려도 해 주고, 실수하면 원인을 알려 준다. 평가받는 부담도 없고, 이겨야 한다는 압박도 없다. 하지만 경기는 다르다.

레슨과 경기, 마음의 무게가 다르다

레슨과 경기는 애초에 구조가 다르다. 목적도, 상황도, 심리 상태도 완전 딴판이다. 레슨은 편안하고 안정된 환경에서 반복 학습하는 '연습'이고, 경기는 전략과 심리전이 오가는 '전장'이다.

레슨은 실수해도 괜찮지만, 경기에선 단 하나의 공이 포인트를 결정한다. 긴장감과 압박이 온몸을 사로잡는다. 상대가 있고, 점수가 있고, 이기고 싶은 마음이 있다. 한 번 놓치면 포인트를 잃고, '내가 경기를 망쳤다'라는 생각에 파트너에게 미안한 마음이 밀려온다. 같은 동작을 해도 손이 굳고, 평소처럼 스윙이 풀리지 않는다.

마음이 달라지면 몸도 달라진다. 이 단순한 진실을 외면하면, 실전에서 흔들릴 수밖에 없다.

실전에서 통하려면, 연습부터 다르게!

문제는 경기를 위한 연습을 하지 않는다는 것이다. 레슨에서는 예측 가능한 방향과 속도, 일정한 리듬으로 공이 온다. 실수에도 관대하다. 하지만 경기에서는 불규칙한 리듬, 예상할 수 없는 공, 즉시 판단하고 대응해야 하는 순간이 쏟아진다.

선수들은 다르게 연습한다. '경기를 위한 연습'이 따로 있다. 예를 들어 노란색 공 백 개에 빨간색 점을 찍은 공을 랜덤으로 섞는다.

"공이 백 개 있다고 치자. 공이 오면 우선 마음껏 쳐 봐. 근데 그 중에 빨간 점 찍힌 공이 있어. 빨간 공이 오면 무조건 안정적으로 넘겨야 해. 파란 공이 오면 세 번 안에 끝내야 해."

이 훈련을 반복하면, 몸이 조건에 반응하는 습관이 생긴다. 경기에서 당황하지 않고, 상황에 맞게 대응할 힘이 생긴다. 하지만 우리는 이런 훈련 없이 그냥 경기에 출전한다. 그러니 당연히 레슨과 경기가 따로 놀 수밖에 없다.

무작정 연습한다고 되는 게 아니다. '계획된 훈련'이 필요하다. 내가 계획한 대로 공을 넣을 수 있을 만큼 연습이 되었을 때, 두려움이 사라진다.

평소에 실전을 위한 연습을 이렇게 한번 해 보자.

- 한 세트 동안 실수 개수 제한하기(오늘은 언포스드 에러 5개까지만)
- 중요한 포인트 상황 만들어 연습하기(듀스 상황에서 서브 넣기)

- 10개를 연속으로 성공할 때까지 계속하기
- 파트너와 함께 '이번 경기는 절대 지면 안 된다'라는 마인드로 연습하기

레슨에서 배운 기술을 경기에서 쓰려면, 압박 상황에서도 그 기술이 나올 수 있도록 연습해야 한다. 편안할 때만 쓰는 기술은 진짜 내 것이 아니다. 긴장되고, 부담스럽고, 실수하면 안 되는 순간에도 나오는 기술이 내 것이 된다. 그때 보여 줄 수 있는 실력이 진짜 내 실력이다.

연습 경기, 이기는 자리가 아니라 훈련하는 자리

혼자서는 실전을 위한 연습을 지속하기 어렵다. 함께하는 동료들의 이해와 협력이 필요하다. 연습 경기에서는 이기려고만 하지 말자. 실전 경기가 아닌 친선 모임에서는 목적이 달라야 한다. 이기기 위해 잔기술을 쓰고, 안전한 플레이만 고집하면 레슨에서 배운 것을 시험해 볼 기회를 놓친다. 오히려 연습 경기에서는 레슨에서 배운 것을 적용해 보려는 용기가 필요하다.

그리고 함께 운동하는 동료들과도 이 마음을 미리 공유하라. "오늘은 새로 배운 백핸드를 적용해 보고 싶어" 이렇게 목적을 이야기하고 파트너에게 양해를 구해 보자. 그래야 누구도 실수를

비난하지 않고, 누구도 연습을 포기하지 않는다.

당연한 이야기지만, 연습 경기 중에 이기고 싶은 마음은 늘 고개를 든다. 점수가 뒤처지면 자연스럽게 안전한 플레이로 돌아가고 싶어진다. 하지만 이 순간이 바로 함정이다. 그러면 결국 레슨에서 익힌 것을 시험해 볼 기회를 놓치게 된다.

경기장이 아니라 연습장이라면, 실수를 두려워하지 말아야 한다. 오늘은 더블 폴트를 20번 해도 괜찮다. 그것이 지금 필요한 연습이라면, 기꺼이 시도하라. 그리고 더블 폴트를 해도, 실수해도 동료들이 "괜찮아, 마음껏 해 봐"라고 말해 줄 수 있는 분위기를 함께 만들어야 한다. 이런 지지가 있어야 누구나 안심하고 새로운 시도를 할 수 있다. 그렇게 함께 성장하는 것이다.

This Week's Action Mission

"실전에서 통하는 연습의 기술"

- 연습 경기 전, 오늘 연습할 기술과 목표를 정하자.
  - ex "오늘은 세컨드 서브를 실전에서 꼭 열 번 이상 시도한다"
- 경기 시작 전에 파트너와 목표를 공유하자.
- 점수와 상관없이 정한 목표를 끝까지 실행하자.
- 실수해도 '계획된 훈련'임을 기억하며 자신을 비난하지 말자.
- 더 나은 시도를 위해 무엇을 할지 계획해 보자.

Week 16 그냥 안된다고 하지 말고 원인을 찾아라

"안되는 건 무조건 이유가 있다.
그 이유를 찾지 않고 속만 끓인다면, 같은 실수를
반복하게 된다. 하지만 '안되는 이유'를
찾을 수 있다면, 문제의 절반은 해결된 것이나
다름없다. 속상해하지만 말고,
이유를 고민해 보자. 그리고 뭔가 하나라도
바꿔서 다시 시도해 보자."

"낮게 깔려 오는 슬라이스 서브를 리턴하면 자꾸 아웃돼요."
"안 앉았겠지!"
"스매싱을 하기엔 낮고, 스윙 발리를 하기엔 높은 애매한 공을
잘 못 치겠어요. 타이밍을 놓친 걸까요?"
"공이 조금 낮으면 앉아서 스매싱으로 때리면 되지! 지금은 그
냥 가만히 서 있으면서 '공이 낮아서 못 치겠어요' 이러고 있는

거야."

"자리를 못 잡아서 자꾸 하프 스윙만 하게 되니 임팩트 거리를 못 맞추겠어요."

"발을 안 움직였겠지!"

"네트 앞에서 찬스 볼이 떴는데 자꾸 걸려요."

"팔로만 치지 않았을까? 몸은 들어갔나?"

이렇듯 모든 샷에는 분명한 이유가 있다. 공이 네트에 걸렸다면, 아웃이 됐다면, 프레임에 맞았다면 각각 다른 원인이 있다. 속상해하는 데서 멈추지 마라. 작은 것이라도 바꾸고, 다시 시도하라.

"나는 그런 거 잘 모르겠고 그냥 느낌으로 치고 싶어요"라고 말하는 사람도 있다. 이런 사람은 공이 안 맞으면, "오늘은 뭔가 느낌이 안 좋다" 하고 끝낸다. 이유를 깊이 따져 보지 않는다. 물론 그렇게 할 수도 있다. 하지만 그러면 만족스럽게 칠 때까지 시간이 아주 오래 걸린다. 감으로만 치면 안 풀리는 이유를 몰라서 결국 같은 자리에 머물기 때문이다. 10년이 걸려도 같은 실수를 되풀이할 것이다. 그러니 더욱 빠른 길로 가려면 '왜?'라고 질문해야 한다. 실패의 원인을 찾는 사람은 다음 전략을 세울 수 있다.

경기 중 실수에는 붕어 모드, 훈련 중엔 분석가 모드

경기 중 실수는 바로 잊어라. 마치 3초의 기억력을 지닌 붕어처럼 그 순간의 기억은 빨리 지워야 한다. 아웃된 공을 주우러 갔다가 돌아온 순간에는 이미 지난 일로 넘기고, 다음 포인트에 집중하라. 반면 훈련 중에는 분석 모드가 필요하다. 단순히 생각을 많이 하라는 것이 아니다. 생각이 많다는 건 결과에 대한 걱정과 공포에 사로잡히는 것이다. '이거 못 치면 어떡하지…' '또 네트에 걸리면 어떡하지…' 이런 불안은 몸을 굳게 만든다.

반면, 원인을 점검하는 건 다르다. 객관적으로 과정을 리뷰하고, 다음 시도에 적용할 계획을 세우는 것이다. '이번에는 공간을 못 만들었네, 다음엔 공간부터 만들어 보자' 이렇게 차분하게 한 걸음 떨어져서 점검하면, 같은 실수를 반복할 확률이 줄어든다.

작은 이유 하나를 찾고 바꾸는 것, 그게 결국 큰 차이를 만든다.

실수를 거창하게 분석할 필요는 없다. 다음 질문에 차분히 답해 보자.

- 언제 안됐는가? → "세트 포인트에서 리턴할 때"
- 무엇 때문에 안됐는가? → "마음이 급하고 스텝이 늦었다"
- 어떻게 바꿀 것인가? → "숨을 고르고 먼저 스플릿!"

적다 보면 패턴이 보이기 시작한다. '아, 나는 주로 타점과 스텝에서 많은 실수가 나오는구나' 이런 자각이 바로 성장의 출발점이다. 그리고 그 한 걸음이, 어제의 나와 다른 오늘의 나를 만든다.

약은 약사에게, 테니스 고민은 코치에게

스트로크가 잘 안되는 이유는 사람마다 다르다. 기술 문제일 수 있고, 멘털이나 스텝 문제일 수도 있다. 그래서 혼자의 고민만으로는 정확한 원인을 찾기 어렵다.

박세리 선수가 자주 받는 질문 중 하나가 있다.

"골프를 잘 치려면 어떻게 해야 하나요?"

그때 박세리는 이렇게 되묻는다.

"레슨은 받고 계신가요?"

본인이 잘 안되는 이유를 정확히 파악하는 것은 생각보다 어렵다. 내가 느끼는 실패 원인과 실제 기술적·전술적 원인이 다를 때가 많기 때문이다. 그래서 객관적인 눈으로 지켜봐 주는 사람이 필요하다.

잘 안되는 부분에 대해 스스로 생각해 보는 건 중요하다. 하지만 그다음에는 꼭 코치의 피드백을 받아라. 혼자서만 고민하고 답을 내리면, 같은 실수를 끝없이 반복할 수 있다. 이런 과정을 충분히 훈련하다 보면, 경기 중 실수에도 오래 머물지 않게 된다. 빠르게 원인을 점검하고, 곧바로 다음 샷에 그 배움을 반영할 힘이 생긴다.

==코치에게 물어라. 함께 답을 찾아라. 그리고 그 자리에서 바로 작은 변화를 시도하라.== 바로 이것이 같은 실수를 줄이고 더 빨리 성장하는 길이다.

This Week's Action Mission

"실수 원인 찾기 프로젝트!"

- 실수했을 때 "잘 안되었지?"라고 스스로 질문하는 습관을 들이자.
- 각 실수에 대해 다음에는 어떻게 바꿀지 적어 보자.
  ex "스플릿 스텝 먼저 하고 리턴" "임팩트를 더 앞에서"
- 파트너나 코치에게 실수 패턴에 대해 피드백을 받자.
- 다음 연습 때 전 경기 실수의 개선 사항을 우선 연습하자.

Week 17 못하는 게 아니지, 안 하는 거지!

"대부분은 '못한다'라고 말한다. 하지만 자세히 보면 못하는 게 아니라 '안 하는 것'이 많다. 공이 어려워 보이니까, 실수할 것 같으니까, 그냥 안 해 버린다. 못하는 것은 '능력'의 문제이고, 안 하는 것은 '선택'의 문제다. 해 보지도 않고 못한다고 단정하지 마라. 선택은 바꿀 수 있다. 바로 지금, 이 순간부터!"

"너무 짧게 떨어지는 공은 못 치겠어요."

"공이 너무 빨라서 못 치겠어요."

"저는 구력이 부족해서요."

"체력이 저질이에요."

이런저런 핑계로 우리는 시도조차 하지 않고 멈추는 경우가 허

다하다. 그런데 잘 생각해 보자. 정말 못하는 건지, 아니면 안 하는 것인지.

못하는 것과 안 하는 것은 전혀 다르다

이제 겨우 운동장 한 바퀴를 돌 수 있는 사람에게 갑자기 10km를 뛰라고 하면 당연히 못 뛴다. 못하는 건 정말로 실력이 부족한 경우다. 드롭 샷drop shot(네트 바로 앞에 살짝 떨어뜨리는 기술)이나 톱스핀 로브topspin lob(상대 선수가 네트 근처로 전진했을 때, 상대 머리 위를 넘겨 코트 깊숙이 보내는 로브)처럼 한 번도 제대로 배워 본 적이 없는 샷들, 지구력이나 순발력같이 체력적으로 부족한 경우, 절대적인 경험이 부족한 상황에서 이어지는 실수 같은 것들이다. 이건 능력의 문제다. 그렇기에 시간과 연습이 필요하다.

하지만 안 하는 건 능력과는 상관없는 '선택'의 문제다. 해 보기 전에 미리 결과를 단정하고, 조금 더 버텨 보려는 시도조차 안 하는 것이다. 우리가 '못한다'라고 생각하는 것 중 상당수는 사실 '안 하는 것'들이다. 공을 쫓느라 여기저기 뛰어다니면 당연히 힘들고 숨이 찬다. 하지만 그걸 핑계 삼아서 안 해 버리면 결국 습관이 된다.

그렇다면 왜 안 하게 될까? 사람들은 대개 자신을 보호하려 한다. '못하면 어쩌지?' 이 생각이 먼저 앞선다. 그러면 마음이 움츠러들고, 몸도 따라 멈춘다. '어차피 못할 거야' 하고 단정하면 마음이 편해진다. 아무것도 시도하지 않으면 실망도 없으니까. 또 어떤 사람은 '이 정도면 최선이다' 하고 선을 그어 버린다. 그리고는 더 이상 해 볼 이유를 찾지 않는다.

처음에는 한 번의 포기였다. 그런데 그 한 번이 두 번이 되고, 이제는 '못한다'라고 말하는 것이 더 편해져 버린다. 이렇게 '안 하는' 선택이 쌓이면, 언젠가는 정말로 '못하는' 사람이 된다.

==가장 큰 문제는, 스스로 안 하고 있으면서도 못한다고 믿어 버리는 것이다.== 진짜 성장은 그 착각을 인정하고, 단 한 번이라도 끝까지 시도해 보는 데서 시작된다.

지금, 당신이 '안 하고 있는 것'은 무엇인가?

이제부터 정말 솔직해져 보자. '못하는 척'하며 자신을 속이는 건 오늘로 끝내자.

아래 질문에 답하면, 당신이 정말 못하는 건지, 아니면 안 하고 있는 건지 분명히 알 수 있을 것이다.

1. 어렵다고 느낀 공을 끝까지 따라가서 쳐 보려고 했나?
- 시도하기 전에 '어차피 안될 거야' 하고 멈추지 않았는가?

예: 공이 짧게 떨어졌을 때, 달려 보지도 않고 그냥 서 있었다.

2. 실수하는 게 두려워서 안 해 본 건 아닌가?

- '실수하면 창피할까 봐' 일부러 안전하게 넘기는 쪽을 선택하진 않았나?

예: 드라이브 발리를 아예 시도도 하지 않고, 그냥 커트만 치고 있었다.

3. '이 정도면 최선이다'라고 스스로 핑계를 댔나?

- 아직 숨이 남아 있는데도 '나는 지금 최선을 다했어'라고 선을 긋지 않았나?

예: 체력이 달린다고 느껴서, 사실은 더 뛸 수 있는데 멈춰 버렸다.

4. 정확히 뭐가 안되는지 말할 수 있는가?

- 구체적으로 어떤 동작이 안되는지 설명할 수 있었나?

예: "못하겠다"라는 말만 하고, 어떤 점이 어려운지 말한 적이 없다.

5. 다음에도 똑같은 상황이 오면 이번엔 해 볼 생각이 있는가?

- '아마 또 못할 거야'라고 미리 포기하고 있지 않은가?

예: 다음에도 똑같이 안 하려고 한 적이 있었다.

솔직히 말해서, 이 질문 중 하나라도 해당되지 않는 사람은 거의 없다. 우리는 모두 '안 하는' 선택을 하고 있다. 하지만 그걸 인정하는 순간부터 모든 게 달라진다.

"에이 씨!" 하고 한 번만 해 봐라, 된다!

이제 핑계는 끝이다. 해 볼 차례다. '그래도 실수하면 어떡하지…' '만약에 또 안되면…'

그런 생각은 이제 그만. 에이 씨! 하고 한 번만 해 봐라.

스윙 발리가 무서웠나? 기회가 오면 에이 씨! 하고 휘둘러 봐라. 네트에 걸려도 괜찮다. 한 번 해 보면 '아, 이런 느낌이구나'를 알게 된다. 짧은 공이 두려웠다면? 전력으로 뛰어 봐라. 못 잡아도 된다. 그 순간 '뛰면 의외로 닿을 수도 있겠는데?' 하는 자신감이 생긴다.

한 번만, 제대로 시도하면 달라진다. '나 이거 할 수 있네?' '생각보다 할 만하네' 이런 확신이 온다. 그러면 이제 '어떻게 하면 더 잘할 수 있을까?'를 고민하게 된다.

실패해도 괜찮다. 처음엔 누구나 실수한다. **중요한 건 '시도했다'는 사실**이다. 실패는 훌륭한 정보다. 그래야 다음에 조정할 수 있다. 완벽할 필요 없다. 70%만 성공해도 충분하다. 오늘부터 다르게 해 보자. 이제 "못한다" 대신 이렇게 말해라.

"아직 안 해 봤어."

"한번 해 볼게."

"에이 씨! 해 보자."

못하는 게 아니었다. 안 하고 있었을 뿐이다. 이제 핑계를 벗어 던져라. 그리고 '에이 씨!' 하고 한 번만 해 봐라. 분명 된다!

This Week's Action Mission
"이제 '안 하는 나'와 헤어지기!"

- '어차피 안될 거야'라는 생각은 내려놓자.
- '못한다'라고 생각하는 것 3가지를 적어 보자.
- 정말 못하는 건지 안 하는 건지 구별하자.
- 이번 주 연습이나 경기에서 '안 하던 것' 중 최소 한 가지는 시도해 보자.
- 실수한다는 건 도전을 했다는 것! 어떤 것이든 해 보자.
- 시도 후 어떤 느낌이었는지, 무엇을 깨달았는지 메모하자.

Week 18 뜻대로 되지 않을 땐, Back to the basic

"모든 걸 다 잊은 것 같을 때가 있다.
스트로크가 하나도 안 맞고, 경기 리듬이
완전히 꼬인다. 우리는 종종 화려한 스윙으로
이 상황을 바꾸려 한다. 하지만 이때 필요한 건
복잡한 기술이 아니다.
기본으로 돌아가는 것이다. 첫 단추를 다시
잠그는 일, 그것이 회복의 출발점이다."

구력이 쌓이면 요령이 생긴다. 처음에는 공 하나하나가 소중했다. 원래는 '다다다다' 끝까지 달려가서 쳤던 공인데, 요령이 생기면 어느 정도 넘길 수 있게 된다. '이 정도면 되겠지'라는 생각이 든다. 한두 번은 괜찮다. 오히려 효율적으로 보이기도 한다. 하지만 이런 작은 타협들이 몸에 습관으로 배면서 무너지기 시작한다. 스윙이 짧아지고, 스텝이 줄고, 임팩트 감각이 무뎌진다.

문제는 이 과정이 너무 서서히 일어난다는 것이다.

"어? 내 포핸드가 왜 이래?"
"타이밍이 왜 이렇게 안 맞지?"

어느 날 갑자기 모든 게 이상하다. 하지만 어디서부터 문제인지 모르겠다. 혼란스럽다. 이때 사람들은 새로운 기술을 배우려고 한다. 하지만 진짜 답은 단순하다. '기본'으로 돌아가라. 모든 것이 뜻대로 되지 않는다면, 그건 다시 '기본'을 확인하라는 신호다.

스플릿 스텝, 무너진 몸과 마음을 세우는 첫 단추

스플릿 스텝 split step (상대가 공을 칠 순간, 두 발을 동시에 살짝 점프했다가 착지하면서 반응 준비를 하는 동작)은 단순한 준비 동작이 아니다. 많은 사람이 '공이 오기 전에 살짝 뛰는 것' 정도로 가볍게 여기지만, 사실 그것은 경기의 리듬과 중심을 만드는 출발점이고, 모든 회복의 시작이다.

"코치님, 전위에서 자리를 잘 못 잡겠어요."
"안 움직이니까 그렇지! 전위에서 자리를 잘 잡으려면, 상대의 움직임을 빨리 파악하고 예측해서 한 발 먼저 움직여야 해. 그런데 너무 빨리 움직이면 바로 당하겠지? 그래서 움직이지 않을 것처럼 서 있다가 적절한 타이밍에 빠르게 움직여야 해. 그러려면 어떻게 하고 있어야 할까?"

"계속 잔발로 움직이다가 스플릿 스텝하고 치고 나가야 해요."

"그렇지! 그래야 네가 빠르게 한 발을 먼저 움직일 수 있는 거야!"

사람들은 코치나 선수들에게 무언가 특별하고 화려한 기술이 있을 거로 생각하는데, 그들과의 실력 차이에서 가장 두드러진 것은 기본이다. **스플릿 스텝이 먼저 살아나야 스텝이 이어진다.** 스플릿 스텝을 하면 착지 순간, 스텝이 자연스럽게 나뉘며, 어느 방향이든 몸이 자유롭게 반응할 수 있다. 중심이 낮아지고 자세도 안정된다. 공이 오기 전에 이미 몸이 준비되어 있으니, 급할 이유가 없다. 여유 있게 포지션을 잡고, 중심을 낮게 유지할 수 있다.

이렇게 자세가 안정되면 시선도 흔들리지 않는다. 공을 끝까지 볼 수 있고, 임팩트 이후 팔로우 스루follow-through(공을 치고 난 뒤 라켓이 나아가는 마무리 동작)까지 자신 있게 이어 갈 수 있다. 이 모든 건 스플릿 스텝에서 시작된다. 높은 건물일수록 기초가 중요하다. 기초가 부실하면 한순간에 무너질 수 있다.

그런데 많은 사람이 다리를 가만히 땅에 붙여 둔 채 스윙에서만 답을 찾으려 한다. 자세가 무너지고 타이밍이 꼬이는데도, 팔로우 문제만 해결하려고 한다. 팔다리가 공을 쫓을 정도로 더 길어질 수 있는 게 아닌데도 말이다. 준비가 안 되면 어떤 기술이든 무용지물이다.

==결국 이 모든 변화의 첫 단추는 '스플릿 스텝'이다.== 거창한 기술이 아닌 스플릿 스텝 하나로 충분하다. 이 작은 동작이 무너진 나를 다시 세우는 출발점이 된다.

지금 스플릿 스텝을 하고 있는가?

스플릿 스텝은 단순히 기술적인 동작이 아니라, 흔들리는 마음을 다잡아 주는 신호다. 몸이 멈춰 있으면, 생각이 자꾸만 복잡해진다. 하지만 몸이 먼저 움직이면, 생각도 자연스럽게 단순해진다. 불안한 마음 대신, '이제 할 수 있다'라는 확신이 생긴다. 결국, 멘털도 스플릿 스텝이다. 스플릿 스텝, 제대로 하고 있는지 점검해 보자.

1. 기본 움직임
- 가만히 서서 두 발을 땅에 붙이고 기다리고 있지 않은가?
- 복싱 선수처럼 잔발을 계속 움직이며 리듬을 만들고 있는가?

2. 스플릿 타이밍

- 스플릿 스텝을 너무 일찍 하거나 늦게 하고 있지 않은가?
- 상대가 공을 치는 순간에 정확히 착지하고 있는가?

3. 스플릿 후 움직임

- 점프만 하고 다시 굳어 있지는 않은가?
- 착지하자마자 어느 방향으로도 즉시 출발할 수 있는가?

뜻대로 되지 않을 때, 제일 먼저 점검할 것은 스윙이 아니라 스플릿 스텝이다. 움직임이 기초. 그 기초가 세팅되면 기술도, 멘털도 돌아온다. 스플릿 스텝 하나면 된다. 첫 단추부터 다시 채우자.

This Week's Action Mission
"스플릿 스텝으로 경기 리듬 찾기!"

- 모든 포인트에서 스플릿 스텝을 의식적으로 실행하자.
- 뜻대로 되지 않을 때 첫 번째로 스플릿 스텝을 점검해 보자.
- 가만히 서서 기다리는 대신 계속 잔발로 움직이자.
- 상대가 치는 순간에 정확한 타이밍으로 착지하자.
- 몸이 움직이면서 마음도 함께 안정되는 경험을 했다면 기록으로 남기자.

경기에서 드러나는 진짜 실력은
공을 다루는 능력, 흐름을 읽는 감각,
상대를 존중하는 태도까지
디테일 속에 숨어 있다.
컨트롤, 움직임, 위치 감각, 반복 훈련, 품격 있는 매너.
이 모든 것이 실력을 만든다.
'어떻게 칠 것인가'를 넘어
'어떤 태도로 경기를 완성할 것인가'에 답하는 시간.
지금, 진짜 실력을 만드는 훈련을 시작하자.

Week 19   처음부터 세게 친다? 컨트롤이 먼저!

"강하게 치고 싶은가?
먼저 공을 다룰 줄 알아야 한다.
방향, 길이, 스핀까지 조절할 수 있어야 한다.
컨트롤이 먼저, 파워는 마지막이다.
정확하게 치는 법부터 배워라!"

"어떻게 하면 더 세게 칠 수 있어요?"

많은 사람이 강력한 스트로크로 상대를 압도하고 싶어 한다. 속도감 있게 쭉쭉 뻗어 나가는 공을 치면 '좀 늘었는데?' 하는 마음에 기분이 으쓱해진다. 특히 테니스를 시작한 지 얼마 되지 않은 초보자일수록 그 욕심이 크다. TV에서 본 프로 선수들의 화려한 위너 샷 winner shot(상대가 건드리지 못하거나, 건드려도 되받아치기 어려운 강력하고 결정적인 샷)을 나도 한번 멋지게 쳐 보고 싶다.

왜 사람들은 파워에 집착할까?

라켓에 공이 '탕!' 하고 맞고 나가는 그 순간, 온몸이 짜릿해지는 쾌감을 느껴 본 사람은 안다. 그 느낌을 한번 맛보면, 천천히 정확하게 치는 연습은 지루하게만 느껴진다. 게다가 천천히 치면 약해 보일 것 같다는 생각도 든다. '컨트롤=약함'이라고 착각하는 것이다.

하지만 현실은 다르다. 포핸드를 세게 치려다가 매번 아웃되고, 네트에 걸리고, 서브를 힘껏 넣고 싶은 욕심에 더블 폴트만 늘어난다. 가끔 공이 제대로 꽂혀 포인트를 따기도 하지만, 정작 어떻게 했는지 몰라서 다음에 써먹을 수가 없다.

결국 테니스는 '공을 원하는 곳에 보내는 경기'이다. 멋진 스윙도, 빠른 공도 컨트롤이 전제되어야 의미가 있다. 처음부터 세게 친다? 아니다. 컨트롤이 먼저다. 라켓에 공이 맞긴 맞았는데, 어디로 갔는지조차 모르고 계속 세게만 치면 실수만 반복한다. 속도와 파워는 '정확히 보내는 감각'이 세팅되었을 때 비로소 의미가 있다. 강하게 치는 건 나중에 해도 된다. 지금 필요한 건 '방향과 정확도'다.

공을 다루는 감각부터 키워라!

천천히라도 공을 내가 원하는 곳에 정확히 보내는 감각이 쌓여야 자신감이 생긴다. 컨트롤 없이 세게만 치면 실수가 반복되고, 결국 스윙은 작아지고 몸은 굳는다. 처음에는 네트를 안정적으로 넘기는 것부터 시작하자. 그다음 원하는 구역에 보내고, 길이와 높이를 조절하고, 마지막에 파워를 올리는 거다.

1. 스핀부터 마음대로 조절하자

스핀spin(공에 회전을 주는 기술)은 컨트롤의 기본이다. 같은 공이라도 스핀에 따라 완전히 다른 결과가 나온다. 플랫으로 칠지, 톱스핀으로 칠지부터 정하자. 처음에는 차이가 잘 느껴지지 않을 수도 있다. 그래도 의식적으로 '이번엔 톱스핀으로' '이번엔 플랫으로' 이렇게 구분해서 치다 보면, 점점 감각이 열린다.

스핀의 강약도 조절해 보자. 30% 정도의 가벼운 회전(브러시업 느낌으로), 60% 정도의 중간 톱스핀, 100% 풀 스윙으로 거는 강한 톱스핀. 이런 식으로 단계별로 구분해서 의식하고 치다 보면, 스핀의 양이나 회전 속도도 조절할 수 있게 된다. 이 감각이 쌓이면, 경기 중에도 원하는 만큼 스핀을 걸 수 있고, 이는 단순한 기술을 넘어 강력한 무기가 된다.

2. 길이와 높이를 마음대로 조절하자

공을 짧게 떨어뜨릴지, 길게 밀어 넣을지도 정하고 쳐 보자. 얇게 치면 더 짧게 떨어지고, 두껍게 치면 더 길게 간다. 빠르게 회전하면 급하게 떨어지고, 천천히 감으면 멀리 간다. 특히 상대가 빠르게 앞으로 치고 들어올 때는 얇게 감아서 발아래에 떨어뜨리는 짧은 볼로 대응할 수 있어야 한다. 이 모든 건 공의 RPM, 즉 회전수를 마음대로 조절할 수 있을 때 가능하다. 단순히 힘으로만 치는 것이 아니라, 공의 길이와 높이, 회전의 강약까지 자유롭게 다룰 수 있는 감각을 키우는 것이 중요하다.

높이도 마찬가지다. 네트를 살짝 넘길지, 높게 넘길지 미리 정하고 쳐 보자. 상대를 압박할 때는 낮게, 안전하게 넘길 때는 높게. 이런 선택을 의식적으로 해 보는 거다.

3. 타깃을 명확히 설정하라

그냥 치기만 하면 늘지 않는다. 공을 보낼 때마다 어디에 어떻게 보낼지 분명한 의도를 갖고 쳐야 한다. 타깃이 없으면 한 번은 가운데로, 한 번은 너무 짧게, 또 한 번은 멀리 벗어난다. 연습할 때도 "포핸드를 치겠다"라고만 하지 말고, 정확히 어디에 공을 보내고 싶은지를 먼저 정해야 한다. "이번엔 서비스라인 근처에 떨어뜨려 보자" "이번엔 베이스라인 깊숙이 보내 보자" 하고 매번 목표를 정하라. 결과가 목표와 다르더라도 상관없다. 중요한 건 의도를 갖고 치는 거다.

'타깃을 명확히 하고, 스핀의 양과 세기를 상황에 맞게 조절하는 습관'이 쌓이면, 공이 원하는 대로 간다. 이 작은 차이가 경기 전체의 퀄리티와 결과를 결정한다. 이런 습관이 결국 실력을 만든다.

공을 다루는 감각이 쌓여야 비로소 진짜 공격이 가능해진다. 완벽하게 컨트롤하며 치는 공은 세기가 다르다. 단단하고 흔들리지 않는다. 힘만 센 공이 아니라 의도가 담긴 공이다. 이런 공을 받으면 상대는 당황한다.

공을 다룰 줄 아는 사람이 만들어 내는 샷, 그 안에 진짜 강함이 있다.

This Week's Action Mission

"컨트롤 연습 실천하기!"

- 속도보다는 정확도에 집중해 공을 안정적으로 넘기자.
- 매 샷 '공을 어디로 보내고 싶은가?'를 먼저 생각하고 치자.
  ex 서비스라인, 베이스라인 등 구체적 목표 설정
- 톱스핀과 플랫을 번갈아 가며 치고, 공의 길이(짧게, 길게)와 높이(낮게, 높게)를 조절해 보자.
- 실수가 잦아질 때, 파워보다 컨트롤에 집중해 보자.

Week 20 스윙이 먼저?
No, 다리가 먼저!

"스윙이 문제가 아니다. 다리가 문제다.
마음이 아니라 다리가 급해야 한다.
스윙에 너무 목숨 걸지 말자. 멋진 샷을
구사하고 싶으면 먼저 다리를 준비하라!"

"임팩트가 제대로 안 맞아요."
"스매싱이 높이 뜨면 어떻게 해야 할지 모르겠어요."
"사이드로 빠지는 공은 어떻게 쳐야 하나요?"

언뜻 다른 질문인 것처럼 보이지만, 결국 모두 '다리'의 문제다. 맛있는 요리를 준비했다고 생각해 보자. 근사한 접시에 예쁘게 담아 테이블에 올려놓는다. 이제 딱 맛있게 먹으려는데 테이블이 덜컹거린다. 가장 먼저 해야 할 일은 뭘까? 음식을 조심스럽게 먹는 것이 아니라 테이블을 안정감 있게 바로잡는 일이다. 아무리 맛있는 음식이 눈앞에 있더라도 테이블이 흔들리면 제대로 먹을 수가 없다.

테니스도 똑같다. 아무리 멋진 스윙을 배워도, 하체가 불안정하면 임팩트도, 방향도, 타이밍도 다 흐트러진다.

"학다리 같은 하체에, 씨름 선수 같은 상체라면? 스윙이 문제가 아니라, 다리가 문제다."

다리가 흔들리면 모든 게 무너진다

임팩트가 제대로 안 맞는 이유는 단순하다. 다리는 그대로 두고 팔로만 급하게 치기 때문이다. 스매싱이 뜨는 것도, 사이드 공을 못 치는 것도 마찬가지다. 다리는 움직이지 않고 팔로만 해결하려 하니까 계속 같은 실수가 반복된다. 붕 뜬 공을 성큼성큼 가서 치는 것과 타다닥 움직여 치는 것. 그 차이가 스매싱 성공 여부를 결정한다. 팔이 아니라 다리 움직임이 핵심이다.

강한 샷을 치고 싶다면, 파워의 시작이 어디서 나오는지부터 알아야 한다.

파워는 팔에서 나오지 않는다. 땅에서 시작된다. 발로 땅을 밀어낸 힘이 다리를 타고 올라오고, 몸통을 지나 팔로 전달된다. 이게 바로 키네틱 체인kinetic chain(신체의 여러 관절과 근육이 연쇄적으로 움직이며 힘을 전달하는 과정)이다. 하지만 다리가 움직이지 않으면? 기반이 흔들려 상체에 아무리 힘을 실어도 소용이 없다. 스텝은 단순한 다리 운동이 아니다. 공을 기다리는 리듬, 몸의 균형, 그리고 타이밍까지 전부 포함한다. 스텝이 어설프면 그 위에 쌓은 모든 기술이 흔들린다.

공을 언제 치느냐도 스텝에서 결정된다. 어떤 상황에서는 공이 바운드되고 원, 투, 쓰리, 포, 파이브의 템포에 맞춰 늦춰서 쳐야 하고, 어떤 때는 원, 투에 빠르게 쳐야 한다. 상대가 포칭을 자주 시도하면, 일부러 반 박자 늦추거나 빠르게 쳐서 흐름을 깨뜨린다. 이런 리듬 조절은 스윙 연습만 해서는 얻을 수 없는 감각이다. 이런 리듬은 오롯이 자신이 만들어야 한다. 몸으로 부딪치면서 나만의 기준을 찾아야 한다.

테니스는 한 번의 샷으로 끝나는 경기가 아니다. 공을 치고 나면 곧바로 다시 준비 자세로 돌아가야 한다. 그 순간을 놓치면 상대에게 주도권을 빼앗긴다. 리커버리recovery(공을 친 뒤, 다음 샷에 대비해 이상적인 위치로 돌아가는 움직임)는 테니스에서 가장 중요한 싸움 중 하나다. 공을 잘 치는 것 자체보다, 공을 치고 나서 얼마나 빨리 중심을 낮추고 다시 움직일 수 있느냐가 실력을 가른다.

스텝은 하루아침에 몸에 붙지 않는다. 하지만 시간이 걸려도 결국 시작해야 한다. 스텝이 준비되면 스윙은 따라온다. 오늘부터 내 스텝의 기준점을 하나씩 만들어 보자. 그게 곧 당신의 리듬이 되고, 오래 버틸 수 있는 기반이 된다. 복싱도, 축구도, 하체가 무너지면 아무것도 할 수 없다. 테니스도 마찬가지다. 상체가 잘 움직이려면, 하체가 먼저 세팅되어 있어야 한다.

'하기 싫은 것'이 무조건 당신에게 필요한 것이다

누구나 좋아하는 것, 재미있는 것만 하고 싶다. 테니스를 치는 건 좋은데, 뛰는 건 싫다. 스트레칭도 귀찮고, 공을 줍는 것도 짜증 난다. 하체의 근력을 키우려면 줄넘기도 하라고 하는데, 이것도 재미없다. 도대체 실력은 언제 늘까? 바로 방금 나열한 것들, 하기 싫은 걸 할 때다.

줄넘기 500개, 점프 500개, 사이드 스텝, 허들, 스트레칭…. 솔직히 말해서 이건 테니스 코트에서 경기하는 시간보다 훨씬 재미없다. 하지만 이걸 매일 해낸 사람과 그렇지 않은 사람 사이에는 분명한 차이가 생긴다.

하체와 스텝의 중요성을 강조하면 처음엔 기초 운동을 조금씩 한다. 문제는 어느 순간부터 하나씩 해이해지기 시작한다는 것이다. 시간이 지나면서 이런 생각이 든다. '이제 좀 늘었으니까 굳이 이런 기초 운동까지 안 해도 되지 않을까?' '이제는 몸이 충분히 적응했을 거야' '테니스만 쳐도 체력은 저절로 늘겠지' 이렇게 달리기를 건너뛰고, 스텝 훈련은 대충 하고, 줄넘기와 스트레칭은 아예 생략한다. '이 정도면 됐겠지'라는 착각 속에서 루틴이 느슨해지고 체력은 서서히 퇴보한다. 하지만 본인은 눈치채지 못한다. 그리고 그 순간 실력도 멈춘다.

테니스는 빼먹는 운동이다. 경기를 하면 할수록 체력이 빠져나가고, 몸의 근력이 줄어든다. 그 빠져나간 에너지를 다시 채워 넣지 않으면, 어느 순간 한계를 느끼게 된다. 아무리 자세를 교정해도, 기본적인 체력과 움직임이 뒷받침되지 않으면 실력이 일정 수준 이상 올라가지 않는다. 평소에 줄넘기, 달리기, 스텝 훈련을 하는 이유가 뭘까? 바로 체력을 저축하기 위함이다. 줄넘기를 하면 다리에 힘과 균형이 생긴다. 그렇게 힘과 균형이 제대로 갖춰진 다리로 스텝을 하면 어떤 공에도 빠르게 반응할 수 있다. 또 스트레칭을 해야 부상을 예방하고, 더 좋은 움직임을 이어 갈 수 있다. 이 기본기들을 꾸준히 쌓지 않으면 실력은 결국 제자리걸음이다. 이는 빼기만 하고, 다시 채우지 않기 때문이다.

입금 없는 통장은 결국 바닥난다. 훈련 없이 테니스만 계속 치면, 결국 체력은 고갈되고 실력은 멈추며 부상이 찾아온다. 그래서 테니스를 친 만큼, 반드시 기초 훈련으로 다시 채워야 한다. 그게 바로 기초 훈련을 해야 하는 진짜 이유다.

테니스를 즐기고 싶다면, 먼저 그만큼의 체력을 다지는 수고를 감수해야 한다. 이때 필요한 게 진짜 멘털이다. '하기 싫은 걸 할 때, 남들과 달라진다'라는 마음가짐. 경기 안에서만 멘털이 필요한 게 아니다. 평소의 연습과 태도에서 이미 멘털 훈련은 시작된다. 하기 싫은 걸 견디는 사람, 끝까지 해내는 사람. 그 사람이 결국 다음 단계로 간다. 그 사람이 진짜로 성장한다.

This Week's Action Mission

"다리가 먼저다, 스텝 루틴 실천하기!"

- 줄넘기, 사이드 스텝, 짧은 인터벌 달리기 등 한 가지 이상을 매일 5분 이상 실행하자.
- 샷 이후 '다시 중심 낮추고 준비 자세로 돌아오기'를 의식적으로 반복하자.
- 샷이 뜻대로 가지 않을 땐, 스텝부터 다시 점검해 보자
- '하기 싫은 것'을 3일간 실천해 멘털 근육을 키우자.

Week 21 코트 안, 사각형 안에서 노는 법을 익혀라

"테니스 코트는 전략과 전술이 펼쳐지는 체스판이다. 공간을 쫓는 사람이 아니라, 공간을 지배하는 사람이 되어라."

"눈을 감고도, 내가 지금 코트 어디쯤 있는지 알 수 있는가?"

공을 치는 것에만 급급하면, 이 질문에 선뜻 답하기 어려울 것이다. 초보자는 공을 쫓아다닌다. 공이 어디로 오든 일단 달려가서 맞히는 것에만 급급하다. 어디로 보낼지는 생각하지 않고, 그냥 넘기고 본다. 하지만 고수는 다르다. 공을 치기 전부터 이미 어디로 보낼지 정해 놓는다. 상대방을 어느 지점으로 움직이게 할지, 다음에는 어떤 공간이 생길지까지 계산한다. 마치 체스에서 몇 수 앞을 내다보듯이.

먼저, 내 위치를 인지하라

코트 안에서 내가 어디에 서 있는지를 인지하지 못하면, 손만 바빠진다. 라켓을 쥔 채 급하게 공을 맞히려다 보니 균형은 무너지고, 힘은 잔뜩 들어가는데, 공은 엉뚱한 곳으로 간다.

베이스라인에서 얼마나 떨어져 있는지, 사이드라인과의 거리는 어느 정도인지, 센터 마크 기준으로 어느 쪽에 치우쳐 있는지. 이런 건 머리가 아니라 몸으로 느껴야 한다. 경기 중엔 생각할 시간이 없다. '지금 내가 베이스라인에서 몇 m쯤 떨어져 있으니까… 이건 인in일까, 아웃out일까?' 이렇게 머리로 계산하는 순간, 이미 공은 지나간다.

위치를 모르면, 판단도 흐려진다. '어? 저건 아웃인데?'라는 생각을 하면서도 공을 받는 경우, 다들 한 번쯤은 경험해 봤을 거다. 그 공이 인인지 아웃인지를 판단하려면 공만 봐선 안 된다. 지금 내가 어디에 서 있는지를 기준으로 판단해야 한다. 예를 들어, 내가 베이스라인 근처에 서 있는데 가슴 높이로 빠르게 날아오는 공이 있다면, 그건 대부분 아웃이다. 그냥 보내는 게 맞다. 하지만 내 위치를 정확히 모르고 있으면, 그 공이 인인지 아웃인지 헷갈린다. 결국, 안 쳐도 될 공에 얼떨결에 라켓을 들이대고, 상대에게 기회를 넘겨주는 셈이 된다.

판단이 흔들리는 건 기술이 부족해서가 아니라, 공간을 인지하지 못해서다.

한 수 앞을 내다보며 공간을 점령하라

공간을 지배한다는 건, 단순히 내 위치만 잘 잡는 게 아니다. 상대의 다음 움직임을 예측하고, 그에 앞서 움직이는 것까지 포함한다. 고수는 공을 치기 전에 이미 상대를 움직인다. 볼을 보내는 방향을 정하는 동시에, 다음 나의 위치까지 계산한다. 마치 체스에서 말을 한 칸씩 움직이며 전체 판을 설계하듯이 한 수, 두 수 앞을 내다보고 공간을 점령한다.

'이 공을 여기로 보내면, 상대는 저쪽으로 달려오겠지, 그러면 다음 공간은 이쪽이 비겠구나' 이런 생각이 자연스럽게 떠올라야 한다. 그렇다고 모든 공을 완벽하게 통제하려고 애쓸 필요는 없다. 중요한 건, '어디로 보내야 내가 다음에 더 유리한 위치에 설 수 있을까'를 항상 염두에 두는 것이다.

이 감각을 기르기 위해 가장 좋은 훈련 중 하나가 '테니스 족구' 게임이다. 테니스공을 사용해 네트를 사이에 두고 족구처럼 주고받으며, 작은 공에 집중하고 상대의 공간을 노리며 공을 보내는 훈련이다. 여기에는 공간을 보는 눈, 상대의 움직임을 읽는 감각, 그리고 내 위치를 몸으로 익히는 훈련까지 모두 담겨 있다.

코트 위에서 '공을 맞히는 것'만 생각하면, 결국 경기의 흐름을 쫓아가기에 바쁘다. 하지만 공간을 읽고, 상대의 다음 한 수를 예측하기 시작하면 그때부터는 '쫓는 경기'가 아니라 '리드하는 경기'가 된다.

공간 감각을 몸에 새겨라

공간을 읽고 상대를 예측했다면, 이제는 그 모든 감각을 몸으로 익히는 훈련이 필요하다. 서비스 박스를 바둑판처럼 구역으로 나눠서, '지금 내 발이 몇 번 칸에 있는가?' '몇 걸음이면 저 코트 구석까지 도달할 수 있는가?' 이 질문에 몸이 답할 수 있도록 해 보자.

원하는 지점으로 가장 빨리 갈 수 있는 코스도 알아야 한다. 사선으로 질러가면 되는데, 돌아서 가는 경우도 많다. 몇 걸음을 가야 원하는 위치까지 도달하는지 파악해야 포지셔닝을 잘할 수 있다.

단순히 눈으로 구역을 보는 데서 그치면 안 된다. 걸음 수, 이동 속도, 거리 감각까지 몸에 새겨야 한다. 그래서 단식 훈련에서는 눈을 감은 채 '세 발 뒤로, 두 발 옆으로' 이동해 보는 훈련도 한다. 이 정도 감각이 몸에 배어 있어야, 경기에서 공이 떠도 당황하지 않고 움직일 수 있다.

상대의 공이 오는 각도와 길이에 따라 내가 서 있는 위치도 항상 바뀌어야 한다. 하지만 머리로 생각하다 보면 늦는다. 결국 중요한 건 생각하지 않아도 몸이 먼저 반응하는 것, 그 반응을 만드는 게 바로 훈련이다.

코트 표면 감각까지 몸에 새겨라. 공간 감각은 단지 위치만의 문제가 아니다. 같은 위치라도, 클레이냐 하드냐, 잔디 코트냐에 따라 공의 바운드 속도와 움직임이 다르다. 표면을 읽는 감각은 움직임의 리듬과 타이밍에 영향을 준다. 예를 들어, 하드코트에서는 빠른 첫 스텝이 중요하고, 클레이에서는 미끄러지며 중심을 유지하는 기술이 중요하다. 이 감각을 몸으로 익히지 않으면, 머리로는 알고 있어도 계속 타이밍이 늦어진다.

테니스는 공간을 지배하는 자가 승리하는 경기다. 코트는 넓어 보이지만, 결국은 단 하나의 칸을 차지하기 위한 싸움이다. 지금 이 한 칸부터 점령하라. 정확한 위치 감각이 없으면, 언제나 한 발 늦는다. 그러면 아무리 좋은 스윙도 소용없다. 먼저 내 몸이 코트를 기억하게 만들어야 한다. 훈련이 쌓이면 감각이 생기고, 감각이 쌓이면 여유가 생긴다. 여유가 있어야 비로소 상대가 보이고, 경기가 보인다.

공간 감각은 단순한 기술이 아니다. 흐름을 읽고 먼저 준비하는 태도다. 이제 흐름을 읽고 공간을 지배하라. 그 순간, 테니스는 완전히 다른 경기가 된다.

This Week's Action Mission

"내 몸이 코트를 기억하게 하라! 공간 감각 루틴 실천하기"

- 코트 안에서 자신이 서 있는 위치를 실시간으로 인지하자.
- 가고자 하는 지점까지 최단 루트를 몸으로 익히자.
- 클레이, 하드, 인조 잔디 등 코트 표면에 따라 다른 움직임을 적용하자.

Week 22 과정 없는 결과는 없다, 당신은 어떤 노력을 했는가?

"원하는 결과가 있다면, 그에 맞는 과정을 먼저 채워라. 안되는 게 이상한 게 아니다. 과정과 노력 없이 결과를 얻으려는 마음이 이상한 거다."

"선생님, 저 정말 잘 치고 싶어요. 어떻게 해야 하죠?"
"왜 제 실력이 늘지 않을까요?"

사람들이 이렇게 물을 때, 난 이렇게 되묻곤 한다.

"그래서 뭘 했는데? 어떤 노력을 했는데?"

선수들처럼 훈련하지 않고 선수처럼 치고 싶어 하는 마음. 동네 운동장 한두 바퀴 뛰고는, "왜 저는 10km를 뛰지 못할까요?"라고 하는 것과 뭐가 다를까?

과정 없는 결과를 자꾸 욕심내진 않았는가

긴장은 왜 하는 걸까? 그건 '잘하고 싶은 마음'이 큰데, 그에 맞는 준비가 부족할 때 생기는 자연스러운 반응이다. 심장은 뛰고, 호흡은 가빠지고, 몸은 자꾸만 급해진다. 자신감이 없는 것도 어쩌면 당연한 일이다. 그런데 문제는, 준비가 되지 않았는데도 마음은 이미 선수처럼 완벽하게 치고 싶어 한다는 것이다. 그러니 조금만 잘 안 풀려도 자꾸 자책한다.

"알카라스는 이렇게 '빡' 치는데 나는 왜 스윙이 어설프지?" "왜 나는 이것밖에 못 하지? 왜 이렇게 실수를 할까?" 겨우 1~2년 테니스를 배운 사람이 선수들처럼 공을 빵빵 치지 못한다고 신경질을 낸다. 욕심은 크지만, 그 욕심을 감당할 만큼의 준비는 아직 덜 되어 있는 것이다. 현재 불가능한 목표를 세워 놓고, 당장 그걸 이루지 못한다고 자책하며 스트레스를 받는다. 당연한 말이지만, 잘 치고 싶으면 그에 맞는 노력을 해야 한다. 준비도 없이 잘하기만 바라는 건 그냥 욕심이다.

요즘은 유튜브로도 누구의 스윙이든 쉽게 볼 수 있다. 문제는, 과정은 보지 않고 결과만 본다는 것이다. 어떤 반복과 실패를 거

쳐 그런 스윙이 나왔는지 모른 채 자세만 흉내 내다 보면, 실력은 커녕 부상만 따라온다.

저 사람은 몇 년 동안 연습했을까? 얼마나 많은 실수를 반복했을까? 얼마나 많은 좌절을 견뎌 냈을까? 겉으로 보이는 결과만 보고 부러워하지 말고, 그 뒤에 숨겨진 과정을 보자. 실력은 그냥 만들어지지 않는다. '그만큼'의 훈련, '그만큼'의 시간, '그만큼'의 고민이 쌓여야 비로소 보인다.

준비와 훈련 없이 결과만 모방하려는 태도는 실패의 지름길이다. 서브 리듬도 아직 들쑥날쑥한데 핀포인트 동작부터 따라 하는 건 기초 공사 없이 외벽을 올리는 것과 같다. 계단은 한두 개씩 올라야 한다. 10개를 한 번에 뛰어넘을 수는 없다. 당신에게 지금 필요한 건 완벽한 자세가 아니라, 현 단계에 맞는 훈련이다.

"잘하고 싶은 만큼 충분히 노력하였는가?"

이 질문에 자신 있게 "네!"라고 답할 수 있을 때, 비로소 자신감도 생긴다.

몸이 먼저 움직이는 머슬 메모리를 만들어라!

자세를 교정하는 것만으로는 끝나지 않는다. 반복의 양이 쌓여야 머슬 메모리 muscle memory(반복된 동작이 몸에 익어 자동화된 상태를 의미하는 운동 학습 개념)가 만들어진다. 무의식적으로 공을 정확히 맞히는 힘은 연습량에서 온다. 결국 그것이 '준비된 자신감'이 된다.

경기 중에 공을 칠 때, 머릿속으로 너무 많은 계산을 하면 몸이 늦어진다. 이 공을 어디로 보낼지, 어떻게 스윙할지, 혹시 실수하지 않을지. 이런 생각이 겹치는 순간, 반응은 반드시 느려진다. 그런데 이상하게도, 상대 서브가 폴트가 나고 '아무 생각 없이' 리턴했을 때 오히려 공이 더 잘 맞는 경우가 있다. 그 순간에는 머리가 아닌 몸이 기억하는 대로 움직인다. 이것이 바로 훈련으로 만들어지는 '머슬 메모리'다.

그런데 현실은 어떨까? "잘 치고 싶어요"라고 말하면서 정작 집에서는 뭘 하고 있는가? 거울 앞에서라도 스윙 연습은 하는가? 팔의 궤도가 맞는지, 임팩트 순간의 자세가 어떤지 확인해 본 적이 있는가? 레슨 시간 외에도 자세를 몸에 새기기 위한 노력이 필요하다. 레슨을 받고 경기를 하는 것만으로 실력이 오를 거로 생각한다. 경기는 열심히 하면서도, 기초 연습에는 상대적으로 시간을 덜 쓴다. 스트레칭도 안 하고, 기초 체력 운동도 안 하고, 자세 교정도 안 한다. 경기만 계속하면 나쁜 습관만 굳어진다. 잘못된 자세로 계속 치면서 '왜 안되지?'라고 고민한다. 마치 잘못된 길로 계속 가면서 목적지에 도착하지 않는다고 투덜거리는 것과 같다.

머슬 메모리는 단기간에 만들어지지 않는다. 자세를 고친다고 생기는 것도 아니다. 반복에 반복을 더해 몸에 각인시키는 과정이 필요하다. 아무 생각 없이도 공을 칠 수 있을 만큼, 충분히 익숙해져야 한다. 그게 준비다. 그게 진짜 연습이다.

잘하고 싶다면, 무의식중에도 정확히 칠 수 있을 만큼 연습하라. 훈련은 하지 않으면서 테니스를 잘하고 싶다는 건, 100점을 받고 싶다면서 책상 앞에 앉지도 않는 것과 같다. 다른 지름길은 없다.

결국 자신감은 말이 아니라 몸에서 나온다. 훈련된 몸, 반응하는 몸. 그것이 진짜 실력이고, 그 실력이 결국 코트 위에서 당신을 드러내 줄 것이다.

> **This Week's Action Mission**

"원하는 결과를 얻기 위한 나만의 연습 설계하기"

- 이번 주 꼭 이루고 싶은 '하나의 실력 목표'를 구체적으로 적어보자.

    ex 백핸드 다운 더 라인 안정화 / 서브 리듬 일관되게 만들기 등

- 목표 달성을 위해 필요한 '기초 동작' 한두 개를 정하고, 매일 5분 이상 반복하자.

    ex 백핸드 테이크백 점검 + 임팩트 후 밸런스 유지

- 하루에 한 번은 '자세 교정'을 위해 거울 앞에서 10회 이상 점검하자.

- 루틴 실천 후 '훈련 일지'에 날짜별로 짧은 피드백을 남기자.

    ex 잘한 점/어려웠던 점/내일 보완할 점 등 → 코치와 상의

Week 23 근거 있는 자신감, 연습한 나를 믿어라!

"자신감은 그냥 생기지 않는다. 연습한 만큼,
준비한 만큼 생기는 거다. 근거 없는 자신감은
자만이고, 근거 없는 불안은 망상이다.
믿어라. 연습한 자신을!"

경기를 앞두고 한 번쯤 스스로 이렇게 말해 본다.

"오늘 컨디션 좋은데? 왠지 잘할 수 있을 것 같아!"
"오늘은 자신 있게 쳐 보자, 할 수 있어!"

하지만 경기가 시작되면 그 말은 쉽게 무너진다. 경기 흐름이 내 쪽으로 기울지 않거나, 상대가 예상보다 강한 샷을 구사하거나, 첫 포인트를 잃는 순간 '괜찮아, 자신 있어'라고 아무리 되뇌어도 몸은 점점 움츠러들고, 의심은 더욱 깊어진다.

'정말 내가 이길 수 있을까?' '진짜 난 준비가 된 걸까?'

자신감은 '감정'이 아니라 '태도'다

자신감은 말로 만들어지는 게 아니다. "자신 있다!"라고 백 번 외쳐도, 그 말에 힘을 실어 주는 건 결국 '내가 쌓아 온 과정'이다. 자신감을 느끼고 싶다면, 그 자신감이 어디서 오는지부터 알아야 한다.

자신감은 훈련에서 나온다. 반복된 루틴, 익숙해진 동작, 위기의 순간을 넘어선 기억, 이런 것들을 통해 '내가 친 공이 상대를 정확히 공략할 거라는 확신'이 생길 때 비로소 진짜 자신감이 생긴다. 그리고 그 확신은 우연히 오지 않는다. 누적된 연습, 반복된 성공, 계획된 훈련 속에서 만들어진다.

자신감은 감정이 아니다. '이건 내가 수없이 연습한 샷이야, 해낼 수 있어!' 이런 확신에서 비롯된 태도다. 그리고 그 태도는 훈련으로 다져진 실력의 기억 위에 세워진다.

충분히 실력도 있고 훈련도 했는데, 경기에서 자꾸 움츠러들고 소극적으로 플레이를 한다면, 그건 실력이 문제가 아니다. 연습한 자신을 믿지 못하는 마음가짐, 태도의 문제다. '혹시 실수하면 어떡하지?' '상대가 더 잘하면 어떡하지?' 이런 생각으로 가득 찬 학생들에게, 나는 이런 말을 한다.

"왜 이렇게 자신감이 없어? 왜 너는 자신에 대한 믿음이 없어!"

충분히 연습하고 훈련했다면, 노력한 자신을 믿어야 한다. 시험을 앞두고 열심히 준비했다면, 그 준비한 나를 의심해서는 안 된다. 아무것도 하지 않고 자신감을 기대하는 건 무책임한 일이지만, 충분히 준비했음에도 자신을 믿지 못하는 것 또한 자신에게 가혹한 일이다.

꾸준히 훈련했다면 확신이 생긴다. 내가 보낸 공이 코트 안에 꽂히는 감각, 단지 바람이 좋고 기분이 좋아서가 아니라 내 몸이 기억하는 수백 번의 연습으로 만들어진 데이터가 주는 확신이 그 샷을 가능하게 한다.

실전에 대비해 연습할 때는 150%

실전에서 내가 '확실하게 할 수 있다'라는 근거 있는 자신감을 가지려면, 연습할 때 150%로 해야 한다. 연습 때 나오지 않았던 실력이 실전에서 나올 리 만무하다.

실전에서는 모든 것이 달라진다. 상대의 압박, 관중의 시선, 점수에 대한 부담, 바람의 영향까지. 연습에서 열 번 중 일곱 번 성공했다고 해서 실전에서도 일곱 번 성공하리라 생각하면 큰 착각이다. 연습에서 성공률이 70%였다면 실전에서는 50%도 안 나온다.

그래서 연습할 때는 성공률을 100%로 잡으면 안 된다. 150%로 해야 한다. 서브 연습을 할 때 '오늘 10개 중 6개 들어갔네, 괜찮은데?' 이 정도로는 부족하다. 10개 중 9개는 들어가야 한다. 그래야 실전에서 6~7개 정도는 기대할 수 있다. 연습에서 늘 90% 이상 성공하는 수준이어야 '이건 내가 할 수 있는 샷이야'라고 믿을 수 있다.

실전에서 통하는 샷은 연습 때부터 다르다.

첫째, 동작을 더 크고 명확하게!

경기에 들어가면 긴장한 탓에 스윙이 작아지고 움직임도 둔해진다. 그러니 연습할 때 평소보다 더 큰 동작으로 해야 실전에서 적정 크기의 스윙이 나온다. 연습할 때는 좀 과장되더라도 무조건 크게 해라. 팔로우 스루를 평소보다 더 크게, 스텝도 평소보다 더 빠르게, 그래야 실전의 긴장 상황에서도 충분한 크기의 동작이 나온다.

둘째, 더 어려운 조건에서 연습하라

바람이 불 때, 피곤할 때, 스트레스받을 때도 연습해라. 편한 조건에서만 연습하면 실전에서 당황한다. 대부분은 컨디션 좋은 날, 날씨 좋은 날에만 연습한다. 하지만 실전에서는 모든 조건이 완벽할 수 없다. 바람이 불 수도 있고, 몸이 무거울 수도 있고, 코트 상태가 좋지 않을 수도 있다. 이런 악조건에서도 내 샷이 나와야 진짜 실력이다. 연습할 때부터 다양한 조건에 적응하면 실전에서 변수가 생겨도 흔들리지 않는다.

셋째, 더 높은 성공률을 목표로 하라

'어느 정도 하면 됐지' 하지 말고 '거의 완벽하게 될 때까지' 연습하라. 대부분 자신에게 너무 관대하다. 열 번 중 여섯 번만 성공해도 '오늘 괜찮네'라고 만족한다. 하지만 이 정도 성공률은 실전에서 믿고 쓸 수 없다. 최소한 열 번 중 여덟이나 아홉 번은 성공해야 실전에서도 안정적인 샷이 나온다. 높은 기준을 세우고 그 기준에 도달할 때까지 계속 연습하라. 그래야 '이 샷만큼은 확실하다'라는 자신감이 생긴다.

넷째, 실전과 비슷한 압박감을 만들어라

경기 상황을 설정한 뒤, 점수를 정해 놓고 연습하라. '이 서브를 실수하면 패배한다'라는 마음으로 연습해 봐라. 연습에서는 실수해도 아무 일 없지만, 실전에서는 한 번의 실수가 경기의 승패를 좌우한다. 연습할 때 그 차이를 경험해야 한다. 중요한 포인트를 가정해 연습하고, 실수했을 때의 부담감도 미리 느껴 봐라. 이런 연습을 통해 압박감에 익숙해지면 실전에서도 평정심을 유지할 수 있다.

    최선을 다해 노력했다면, 그 노력을 의심하지 말자. 결과가 아직 나오지 않았다고 해서 과정을 부정하지 말고, 실수했다고 해서 스스로 깎아내리지 말자.

    나를 만드는 건 남의 시선이 아니라, 나의 시선이다. 좀 더 따뜻한 시선으로 자신을 바라봐라. 실수할까 봐 움츠러들지 말고, 그동안 쌓아 온 노력을 믿어 보자. 진짜 자신감은 그렇게 만들어진다.

This Week's Action Mission

"확신을 만드는 연습"

- '실전에서 써도 된다'라고 확신할 수 있는 기술을 하나 고르자.

  ex 백핸드 크로스 / 세컨드 서브 / 발리 리턴 대처 등

- 실전 대비 훈련을 설계하자.

  ex ① 평소보다 크게, 빠르게 동작하며 훈련
  ② 바람·피로·소음 등 실전 변수를 일부러 만들어서 연습
  ③ 점수제, 실패 조건 등 심리적 압박을 설정해 연습

- '열 번 중 아홉 번 이상 성공하는 수준'이 되었는지 기록하고, 부족했다면 이유를 적고, 다음 훈련 계획에 반영하자.

  ex 타점이 늦음 → 준비 동작 2배 강조
  리듬 불안 → 스텝 훈련 추가 등

Week 24 테니스 아이큐를 높여라

"공을 잘 치는 사람은 많다.
하지만 이기는 법을 아는 사람은 따로 있다.
테니스는 기술이 아니라
지혜로 이기는 운동이다.
상황을 읽고 경기를 풀어가는 능력과 감각,
일명 '테니스 아이큐'가 필요하다."

테니스를 배우다 보면 끝없는 질문이 생긴다.

"백스윙은 어느 정도의 각도로 빼야 할까요?"
"팔로우 스루는 어디까지 해야 할까요?"

많은 사람이 테니스를 배울 때 '정답'을 찾으려 한다. "이 상황에서는 무조건 이렇게 해야 한다" "이 각도에서는 이렇게 빼야 한다"

이런 정답을 찾으면 마음이 편하다. 그대로만 하면 되기에 안도감이 들고, 실수해도 '공식대로 했으니까 괜찮아'라고 스스로 위로할 수 있기 때문이다. 하지만 테니스는 '정답'이 없는 운동이다. 코트에 서면 매 순간이 다르다. 상대의 리듬도, 공의 속도도, 몸의 상태도 늘 바뀐다. 그래서 테니스에는 한번 외운 공식으로 모든 상황을 이겨 낼 수 있는 '정답'이 없다. 내가 왜 이렇게 라켓을 빼야 하는지, 왜 지금 이쪽으로 움직여야 하는지를 스스로 이해하고 응용할 수 있어야 한다.

'정답 중독'에서 벗어나라. 이럴 때 필요한 건 지식이 아니라, 상황을 이해하고 스스로 판단하는 지혜, 바로 '테니스 아이큐'다.

테니스 아이큐가 무엇일까?

테니스는 기술로만 이기는 운동이 아니다. 경기 흐름을 읽고 상황에 맞게 전략적으로 판단하고 대응하는 능력이 필요한 스포츠다. 정해진 답을 외워서 적용하는 것이 아니라, 경기에서 풀어낼 수 있는 나만의 해답을 스스로 만들어 가는 힘이 필요하다. '어떤 샷을 쓸까?' '어디로 움직일까?' '나는 지금 뭘 하고 싶은가?'에 관해 묻고, 그에 관한 판단을 스스로 결정할 수 있어야 한다. 상대의 리듬, 구질, 움직임을 빠르게 파악하고, 거기에 맞춰 전략을 조율할 수 있는 경기 감각과 사고력, 이 모든 것을 아우르는 것이 바로 '테니스 아이큐'다.

똑같은 기술도 누가, 언제, 어떻게 쓰느냐에 따라 완전히 달라진다. 테니스 아이큐가 높은 사람들은 '상황을 빠르게 파악'한다. 그래서 상대의 스타일과 약점을 금방 읽는다. '이 사람은 짧은 공엔 강하지만, 깊고 느린 공엔 약하네' 하고 판단할 수 있다. 그리고 상황에 따라 같은 샷도 전술적으로 다르게 사용한다. 상대가 깊숙이 물러나 있을 땐 드롭 샷을, 네트에 붙어 있으면 톱스핀 로브를 선택하는 식이다.

또한 테니스 아이큐가 높은 사람은 흐름을 읽고 경기를 운영할 줄 안다. 지금이 기다릴 때인지, 밀어붙일 타이밍인지를 감각적으로 구분한다. 상대가 흔들리는 순간에 템포를 끌어올리고, 다음 샷의 방향도 예측한다. 머릿속에 이미 몇 수 앞의 시뮬레이션이 돌아가는 것이다. 무엇보다 자신의 플레이를 실시간으로 조정할 줄 안다. 실수해도 당황하지 않고 다음 선택을 조율하고 흐름을 바꾼다.

코트에서 진짜 중요한 건 샷 하나하나를 잘 치는 게 아니라, 샷을 어떤 의도로 쓸지를 아는 능력이다. 코트는 외운 대로 움직이는 곳이 아니라, 읽고 반응하며 선택하는 공간이다. 그래서 우리는 '잘 치는 사람'보다 '잘 풀어 가는 사람'이 되어야 한다.

질문하지 않으면 성장도 없다

"오늘 뭐가 제일 어려웠어?"

"그냥 다요…. 뭘 모르겠는지도 모르겠어요."

"그럼 일단 질문부터 해 봐. 엉뚱한 것도 좋아. 질문이 많을수록 좋은 아이디어가 나와."

테니스 아이큐를 높이는 가장 확실한 방법은 '질문'이다. 하지만 많은 사람이 묻지 않는다. 괜히 트집 잡는 것처럼 보일까 봐, 혼자 넘긴다. 그게 제일 위험하다. 질문이 없으면 답도 없다.

'왜 이걸 해야 하는지' '지금 이 샷이 맞는 선택인지' 스스로 묻지 않으면 어떤 정보도 내 것이 되지 않는다. 질문을 통해서만 내 플레이에 맞는 해답이 생기고, 그 해답을 실전에 적용할 수 있다.

다만 **지식이 아니라 지혜를 키우는 질문을 던져야 한다.** '지식'만 좇으면 '정답' 혹은 '오답'에만 집착한다. 하지만 지혜를 향한 질문은 실수를 분석하고, 다음 시도를 만들어 낸다. 쓸데없어 보여도 일단 물어봐라. 해 보기 전에 이야기하고, 해 본 다음에는 반드시 피드백을 받아야 한다. 이 과정을 반복해야 진짜 성장이 일어난다.

질문은 아이큐의 뿌리다. 질문이 쌓이면 경험이 되고, 그 경험이 결국 당신의 테니스 아이큐를 만들어 준다. 이건 어느 분야든 마찬가지다. 질문하는 사람만이 앞으로 나아간다.

테니스 아이큐를 높이는 훈련법

1. 패턴을 읽는 눈을 키워라

경기에는 언제나 패턴이 있다. 상대가 좋아하는 구질, 자주 쓰는 샷의 방향, 포인트마다 바뀌는 리듬의 변화. 이런 패턴을 읽어야 예측할 수 있고, 예측되면 반응 속도가 빨라진다. 예를 들어 상대가 세 번째 샷에서 백핸드 크로스를 자주 친다면, 그 패턴을 미리 읽고 대비할 수 있다. '왜 맞았는지'를 분석하는 게 아니라, '왜 예측할 수 있었는지'를 훈련하는 것이 핵심이다. 패턴을 읽는 능력은 경기 전체를 설계하는 힘이 된다.

2. 경기 흐름을 기록하라

경기가 끝나고 '오늘 왜 졌지?'라는 생각만으로 넘기면 다음에도 똑같은 상황이 펼쳐진다. 반대로, 흐름을 복기하고 메모하는 습관이 있으면 테니스 플레이가 점점 똑똑해진다.

"어떤 포인트에서 점수를 냈지?" "언제 흐름이 끊겼지?" "이 패턴에서 상대가 무너졌구나"와 같이 경기 흐름을 텍스트로 써 보는 건 단순한 복기가 아니다. 나만의 테니스 언어를 만드는 과정이다. 쓰면 보이고, 보면 바뀐다. 테니스 아이큐는 기록에서 자란다.

3. 훈련을 실전처럼, 실전을 훈련처럼

많은 사람이 연습 때는 무의식적으로 치고, 실전에서는 무조건 이기려 든다. 이건 테니스 아이큐가 자랄 수 없는 구조다. 훈련 때도 실전처럼 전략을 갖고 플레이해야 하고, 실전에서는 훈련처럼 실패도 실험도 감당할 줄 알아야 한다. 훈련에서 아무 생각 없이 치면 실전에서 멘털이 흔들리고, 실전에서 계속 버티기만 하면 실력이 고착된다. 테니스 아이큐는 이 두 세계를 자유롭게 오가며 '생각하며 치는 습관'에서 길러진다.

4. 경기를 보는 안목을 키워라

내 경기만 반복해서 보는 것도 좋지만, 다른 사람의 경기를 해설하듯이 보는 훈련이 테니스 아이큐를 키운다. '왜 지금 이 샷을 쳤을까?' '이럴 땐 다른 선택이 더 좋지 않았을까?'라며 자신이 해설자라고 생각하고 보는 것이다. 해설자가 말해 주는 걸 듣는 게 아니라, 내가 직접 해설자가 되어 보는 경험이다. 내가 관찰한 것을 말로 정리할 수 있다면, 그건 이미 내 판단이 되고 내 무기가 된 것이다. 테니스는 보는 만큼 성장한다.

This Week's Action Mission

"테니스 아이큐 깨우기 프로젝트"

- 질문 리스트를 정리하고 훈련에 반영하자.

  ex ① 이 샷을 선택한 이유는?
  　　② 내 위치는 최적이었나?
  　　③ 상대의 주된 플레이 패턴은?

- 상황별로 연습하자.

  ex ① 상대가 네트에 붙었을 때 나는 어떻게 할까?
  　　② 듀스 상황에서는 어떤 기술을 쓸까?
  　　③ 같은 샷을 상황별로 다르게 써 보며 전술 감각 키우기

- 경기 흐름을 복기하자.

  ex ① 오늘 경기에서 흐름이 바뀐 순간 1~2개 기록하기
  　　② 흐름이 바뀐 '결정적 선택'을 중심으로 이유 정리해 보기
  　　③ 다음 경기에 어떻게 활용할지 계획 세워 보기

Week 25 기술보다 매너가 먼저, 매너가 실력이다

"기술보다 매너가 먼저다. 테니스에서 태도는
전부라고 해도 과언이 아니다.
좋은 실력은 좋은 매너에서 완성된다.
코트에 발을 딛는 그 순간부터 마지막 인사를
건네는 순간까지, 당신이 보인 모든 태도가
곧 '당신의 실력'이다."

이기기 위해 '선'을 넘는 순간, 그건 실력이 아니다. 경기를 하다 보면 종종 라인을 속이거나, 감정을 건드리는 공격적인 말로 상대를 흔들거나, 파트너에게 짜증 내는 장면을 본다. '이기려면 이 정도는 괜찮겠지' 하는 순간, 선을 넘는다. 하지만 그 순간, 그건 더이상 실력이 아니다. 단지 점수를 따기 위한 꼼수일 뿐이다. 정말 실력 있는 사람은 그 선을 지킨다. 어차피 테니스는 '내가 누구인지'를 그대로 드러내는 운동이기 때문이다. 진짜 실력은 점수에만 있는 것이 아니라, 그 점수를 만들어가는 방식에 있다.

실력 있는 사람은 꼼수를 쓰지 않는다

테니스는 자신과의 싸움이자, 판정의 스포츠다. 심판이 없는 동호인 대회에서는 라인 판정도 스스로 한다. 그러니 라인 근처에 공이 떨어지면, 순간 유혹이 속삭인다.

"애매하면 그냥 아웃이지 뭐."
"잘 모르겠는데, 일단 아웃!"

하지만 그 순간, 실력은 무너진다. 그건 득점이 아니라 꼼수고, 경기가 아니라 거래다. 진짜 실력자는 그 유혹을 이긴다. 불리하더라도 정확하게 라인 콜 line call(공이 '인'인지 '아웃'인지 판정하는 행위)을 하고, 애매한 상황에서 상대에게 포인트를 줄 줄 안다. 그건 '배려심이 많아서'가 아니라, 자신의 실력을 스스로 신뢰하기 때문이다.
정직한 플레이어는 승점을 잃을 수는 있어도, 사람을 잃지 않는다. 그리고 사람을 잃지 않는 플레이어는, 결국 실제 경기에서도 무너지지 않는다. 그 정직함이 쌓여, 어느 순간 코트 위에서의 존재감과 품격으로 드러난다.

라인을 정확히 못 봤으면 점수에 욕심내지 말고 '인'이라고 말할 수 있어야 한다. 레이트 콜late call(공이 바운드된 뒤, 너무 늦게 인/아웃 판정을 내리는 것)을 불렀다면, 그 자체가 잘못된 것이다. 내가 정확하게 보지 못했다면 그냥 '인'으로 간주하고 플레이해라. 미국에서는 정확히 못 본 라인은 그냥 '인'으로 간주하라고 가르친다. 비양심적인 콜, 풋 폴트foot fault(서브할 때 발이 규정을 어겨서 라인에 닿거나, 잘못된 위치에 놓이는 반칙), 상대 몸에 때리는 고의성 있는 샷. 그 경계에서 드러나는 게 바로 그 사람의 매너다.

위기의 순간 드러나는 감정과 태도가 실력이다

테니스는 감정을 흔드는 경기다. 실수했을 때, 연속으로 점수를 내줬을 때, 누구나 속이 끓는다. 하지만 중요한 건 그 감정을 어떻게 다루느냐다. 이기고 있을 때는 누구나 매너가 좋다. 하지만 지고 있을 때, 판정이 애매할 때, 파트너가 내 생각처럼 움직여 주지 않을 때, 그 순간의 표정과 말이 당신이 진짜 어떤 사람인지 말해 준다.

라켓을 던지고, 인상을 쓰거나, 헛웃음을 짓고, 거친 혼잣말을 하는 순간, 그 감정은 더 이상 나만의 것이 아니다. 파트너에게도, 상대에게도 그 감정이 전해진다. 감정을 무시하라는 말이 아니다. 책임 있게 다루라는 것이다. 테니스는 혼자만의 경기가 아니기 때문이다.

진짜 실력자는 지고 있을 때도 매너를 지킨다. 그리고 감정이 요동칠 때일수록, 단단한 마음과 태도를 지킨다. 결국 경기가 끝났을 때 남는 건 점수가 아니라, 그 경기에서 당신이 보인 표정과 말, 태도다.

그런데 말처럼 쉽지 않다. 머리로는 안다. 감정을 조절해야 하고, 매너를 지켜야 한다는 걸. 하지만 막상 그 순간이 닥치면, 감정이 먼저 튀어나온다. 인상을 쓰고, 답답하고 화가 나는 감정을 온몸으로 표현하고는 '아, 또 그랬네' 하며 후회하는 자신을 발견한다. 그런 모습에 부끄럽고 더 화가 나기도 한다.

그런 모습을 보고 부끄러워하는 것 자체가 이미 성장하고 있다는 증거다. 정말 무신경한 사람은 자각조차 못 한다. 한 번에 바뀌지 않아도 된다. 다시 한번 중심을 잡으면 그걸로 충분하다.

승부는 끝나도 태도는 남는다

테니스는 기술로만 하는 운동이 아니다. 상대를 어떻게 대하는가, 경기를 어떻게 끝맺는가, 그 모든 과정이 실력이다.

- 내 공이 상대에게 맞았는데, 괜찮냐고 묻지도 않고 '컴 온!'을 외치

는 사람
- 포인트를 얻기 위해 위험하게 상대의 가슴 앞에 공을 때리는 사람
- 정확히 보지도 않고 무조건 아웃을 외치는 사람
- 상대가 준비도 안 됐는데 서브를 넣는 사람
- 풋 폴트를 습관처럼 하는 사람
- 파트너의 실수에 대놓고 면박을 주는 사람
- 상대의 실수에 과하게 환호하는 사람
- 경기 전에만 인사하고 경기 후엔 악수 없이 돌아서는 사람

이런 모습들, 우리는 얼마나 자주 목격하는가? 테니스는 상대가 있어야 가능한 운동이다. 좋은 경기를 펼칠 수 있었던 건 상대가 함께 싸워 주었기 때문이다. 코트에 들어오는 순간부터, 나갈 때까지, 심지어 대기석에서 지켜보는 그 시간까지, 모든 순간이 '매너의 시간'이다.

진짜 실력자는 공만 잘 치는 사람이 아니다. 코트 밖에서도, 벤치에 앉아 있는 동안에도, 경기를 대하는 태도 자체가 다르다. 점수는 기록에 남지만, 태도는 사람들 기억에 남는다.

다음 대진표에서 당신의 이름을 본 순간, 사람들이 어떤 표정을 짓는지가 당신이 쌓아 온 진짜 '실력'이다.

경기 중엔 잔인하게, 끝나면 리스펙트!

함께 운동하다 보면 친해진다. 그래서 경기 중에도 하하 호호 즐기며 테니스를 치는 경우도 많다. 하지만 연습 중에 웃으며 적당히 넘기는 플레이는 누구도 성장시키지 못한다. 연습에서는 웃으며 공을 주고받다가, 막상 경기에 나가면 긴장으로 아무것도 못하게 된다.

코트 안에 들어와 경기를 시작했다면, 스포츠맨십을 발휘해 진지하게 임하라. 상대가 약하다고 느껴질 때일수록 더 집중해서 최선을 다해야 한다. 진정한 리스펙트는 끝까지 싸워 주는 것이다. 상대의 약점을 파고들고, 공간을 공략하고, 기회가 오면 망설이지 말고 강하게 마무리해라. '이기면 미안하고, 지면 억울한' 어설픈 태도는 실력이 아니다. 경기 중에 자비는 없다. 냉정하게 승부를 걸어야 한다.

경기를 시작했다면, 잔인하게! 이기고 있다고 방심하는 순간, 흐름을 빼앗기는 건 순식간이다. 6대 0으로 이길 수 있다면 그렇게 끝내야 한다. 지고 있다면 절대 포기하지 말고 더욱더 치열하게 싸워라. 부정적인 말이나 행동은 절대 금물이다. 파트너와 끊임없이 대화하면서 에너지를 끌어올려라.

그렇게 전쟁처럼 한바탕 경기를 치르고 다시 네트 앞에서 만났을 땐 승패와 상관없이 서로에게 존중을 보여라. 함께 최선을 다해 싸운 사람에게 진심으로 인사를 건네라.

경기 중에는 치열하게, 파트너와는 파이팅, 경기를 마치면 리스펙트!

매너가 실력이다. 어떤 순간에도 이 마음을 잊지 말아야 한다.

승부보다 중요한 건 결국 나의 태도다.

This Week's Action Mission

"나만의 테니스 매너 규칙 만들기"

- 정확하게 보지 못한 애매한 라인은 '인'으로 판정하고 플레이하자.
- 지고 있거나 위기의 순간 흐트러지는 감정을 바로 잡을 수 있는 루틴을 설계하자.
- 감정이 흔들리는 순간에도 매너를 지키려고 노력하자.
- 최선을 다해 경기에 임하고, 종료 후에는 서로 존중하는 마음으로 인사하자.
- "다음에 다시 치고 싶다"라는 말을 들을 만큼 최선을 다해 경기에 임하자.

Week 26 작은 느슨함이 쌓이면, 무너지는 건 순간이다

"주워서 손을 주머니에 넣는 순간,
귀찮아서 준비 자세를 푸는 순간,
그 작은 느슨함을 허용하면, 무너지는 건
순식간이다. '작은 디테일'이
결국 당신의 실력을 가른다."

"신발이 잘 안 벗겨져요. 신을 때도 잘 안 들어가고요."
"신발 끈은 제대로 풀었고?"
"아….."

신발 끈 하나에도 테니스를 대하는 태도가 담긴다. 경기 후, 신발을 일그러뜨리며 신발을 벗는 사람이 있고, 끈을 꼼꼼히 풀어준 뒤 벗는 사람이 있다. 끈이 묶인 채로 벗으면 빠르고 편하지만,

신발은 금세 망가진다. 모양이 찌그러져 발을 제대로 지탱하지 못한다. 그래서 제대로 준비된 선수들은 경기 후 꼭 신발 끈을 풀어준다. 신발도 쉬어야 제 역할을 한다는 걸 알기 때문이다.

추운 날씨엔 더 움직여야 한다. "아 추워…" 하며 움츠리고 서 있으면, 몸은 더 굳고 신경은 둔해진다. 그 순간, 경기의 온도도 내려가고, 이는 파트너에게도 전염된다.

작은 디테일이 태도와 실력을 만든다

나보다 실력이 부족한 사람과 칠 때, 움직이지 않고 선 채로 슬쩍 라켓만 갖다 대는가? 라켓을 툭 내려놓고 "한번 쳐 봐라" 하는 마음으로 무심히 상대하는가? 그건 매너가 아니다. 당연히 실력자의 태도도 아니다.

진짜 실력자는 상대를 가리지 않는다. 항상 준비된 포지션을 유지하고, 스텝을 움직이며, '나는 준비돼 있다'라는 신호를 보낸다. 그런 태도야말로 상대를 존중하고, 함께 성장하는 분위기를 만든다.

처음에는 사소해 보인다. '이 정도쯤이야' '굳이 이런 것까지 신경 써야 하나?'라는 생각이 들 수도 있다. 하지만 이런 작고 사소한 것들이 습관이 되면, 무너지는 건 정말 한순간이다. 평소 이런 태도가 습관이 돼서 늘 꼿꼿하게 다리를 땅에 딱 붙이고 서 있으면, 결정적인 순간에 움직일 수 없다. 반면 항상 준비된 자세로 스텝을 잡고 있다가 반응하면 완전히 다른 경기가 펼쳐진다.

테니스에서 정말 중요한 건 거창한 기술이 아닌 작은 디테일이다. 사소해 보이는 태도 하나가 결국 경기를 바꾸고, 파트너의 마음마저 움직인다.

당신의 테니스, 명품인가? 짝퉁인가?

명품과 짝퉁의 차이는 어디서 날까? 멀리서 보면 똑같아 보인다. 하지만 가까이 들여다보면 금세 들통난다. 진짜와 가짜의 차이는 '디테일'에서 갈리기 때문이다.

짝퉁은 겉모습만 흉내 낸다. 보이는 부분만 그럴싸하게 꾸미고, 안 보이는 부분은 대충 넘어간다. 흉내만 낸 것은 디테일한 마감, 사용감, 내부 구조까지 따라잡지 못한다. 시간이 지나면 그 차이는 반드시 드러난다.

명품은 다르다. 아무도 관심 두지 않는 구석까지 완벽하다. 바닥의 구조와 단추 하나, 심지어 안감의 바느질 한 땀까지. 그래서 시간이 지날수록 더 빛이 난다.

테니스도 마찬가지다. 그립은 시커멓게 변해서 제 역할을 못하고, 스트링은 언제 갈았는지도 모르면서 "왜 공이 안 맞지?" 하는 사람이 있다. 반면 어떤 사람은 라켓을 정성스럽게 다루고, 가방 안을 깔끔하게 정리한다. 누구와 치든 최선을 다하고, 날씨 탓도 하지 않는다. 그 차이는 결국 경기력의 차이로 드러난다.

자, 지금 살펴보자. 당신의 테니스는 명품인가? 짝퉁인가?

실력을 가르는 '디테일' 체크 리스트

별거 아니라고 넘겼던 것들이 있는가? 오늘의 나를 돌아보며, 하나씩 체크해 보자.

1. 장비와 준비 태도

- 신발 끈을 경기 후 풀어 준다(vs 발만 쑥 빼기)
- 라켓을 소중히 다룬다(vs 툭툭 던져두기)
- 가방 안이 항상 정리되어 있다(vs 뒤죽박죽)
- 그립이 깔끔하다(vs 시커멓게 방치)
- 언제 스트링을 갈았는지 기억한다(vs '언제 갈았지?')

2. 컨디션과 환경 대응

- 추울 때 더 움직여서 몸을 데운다(vs 움츠리고 서기)
- 날씨 탓을 하지 않는다(vs '오늘 바람이 영…')
- 컨디션이 안 좋아도 태도는 유지한다(vs '오늘은 몸이 영…')

- 코트 상태에 적응한다(vs "여기 코트가 이상해")

3. 상대방과의 관계

- 실력 차이와 상관없이 최선을 다한다(vs 대충 상대하기)
- 항상 레디 포지션을 유지한다(vs 팔만 갖다 대기)
- 상대가 준비할 때까지 기다려 준다(vs 빨리빨리 재촉)
- 파트너를 격려한다(vs 무관심하거나 면박)

4. 순간순간의 선택

- '이 정도면 괜찮겠지' 하는 순간을 경계한다(vs 익숙한 타협에 무뎌짐)
- 언제든 뛸 수 있게 스텝을 유지한다(vs 가만히 서 있기)
- 집중력이 떨어져도 자세는 유지한다(vs 흐트러진 자세로 자책 반복)
- 작은 실수 후에도 다음 준비를 철저히 한다(vs 멍하니 다음에도 실수)
- '귀찮아서' '피곤해서' 같은 핑계를 만들지 않는다(vs 마음의 루틴 무너짐)

실력을 가르는 나만의 디테일을 만들어 보자. 아무도 보지 않는 순간의 선택이 나를 만든다.

> This Week's Action Mission

"실력을 가르는 '작은 디테일' 만들기"

- 테니스 장비를 평소에 꼼꼼히 관리하자.
- 추운 날씨, 더운 날씨 등 환경을 탓하지 말고 적극적으로 움직이자.
- 나보다 실력이 부족한 사람과 경기를 할 때도, 최선을 다하자.
- 항상 레디 포지션, 스텝으로 준비하자.
- '이 정도면 괜찮겠지' 하는 순간을 경계하자.

 이기고 지는 것에 목숨 걸지 마라

"누구나 이기고 싶다.
하지만 '반드시 이겨야 한다는 마음'이
집착이 되면 몸은 굳고 경기의 흐름은 넘어간다.
이기고 지는 것에 지나치게 연연하지 마라.
승부욕은 가지되 품격을 잃지 말자!"

    테니스를 치면서 이기고 싶지 않은 사람이 어디 있을까? 코트에 들어서는 순간, 우리는 모두 승기를 기대한다. 상대보다 한 점이라도 더 따내고, 마지막에 웃는 승자가 되고 싶다. 좋은 샷을 쳤을 때의 짜릿함, 어려운 경기를 이겨 냈을 때의 성취감, 그 모든 순간이 테니스를 더 매력적인 스포츠로 만든다. 당신이 프로 선수라면 당연히 승부에 모든 걸 걸어야 한다. 하지만, 단순히 테니스를 즐기는 자라면? 너무 지나친 승부욕은 경계해야 한다.

이기고 싶은 마음이 집착이 되는 순간

이기고 싶다는 마음은 나를 더 열심히 훈련하게 만든다. 약한 부분을 더 보완하고, 강력한 나만의 무기를 만들어 가고, 체력이 부족하다면 평소 달리기를 하며 체력을 끌어올린다. 더 나은 경기를 하고 싶고, 실력을 키우고 싶은 마음. 그 모든 시작점엔 '이기고 싶다'라는 자연스러운 욕구가 있다.

문제는 이기고 싶은 마음이 '지나친 강박'으로 바뀌는 순간이다. 그 순간부터 경기는 더 이상 즐거운 싸움이 아니라, 불안과 조급함이 가득한 전쟁이 된다. 승부에 눈이 돌아간다. 점수를 따도 마음은 놓이지 않고, 실수 하나에 무너지기 시작한다. 라인이 애매할 때 무조건 '아웃'을 외치고, 파트너가 실수하면 대놓고 인상을 쓰고, 상대의 몸을 향해 위험한 샷을 날린다.

그렇게 승부에 눈이 멀면, 시선은 점점 상대에게만 향한다. '내가 뭘 해야 할지'보다는 '저 사람을 어떻게든 이겨야 한다'라는 생각에 갇힌다. 그때부터 경기는 점점 숨차고 버거워진다. 몸에 잔뜩 힘이 들어가고, 조금만 밀려도 조급해지고, 마음속에서는 벌써 패배를 상상하고, 정작 중요한 플레이는 놓친 채 결과만 쫓게 된다. 아무리 기술을 연습해도, 마음이 굳어 버리면 그 기술은 힘을 쓰지 못한다.

이런 순간들을 보면 안타깝다. 테니스를 이기기 위한 수단으로만 보기 시작하면, 정작 중요한 것들을 잃게 된다. 경기에서 이겼을지 몰라도 상대방과 파트너는 불쾌하다. 다시는 승부에만 집착하는 사람과 함께 운동하고 싶다는 마음이 들지 않는다.

더 심각한 건 자기 자신도 괴로워진다는 점이다. 매 경기 이겨야 한다는 압박감에 시달리고, 조금만 불리해져도 스트레스를 받는다. 테니스가 즐거움이 아니라 고통이 된다. 승리에 목숨을 거는 순간, 테니스의 진짜 가치를 잃게 된다.

결과보다는 과정! '한 포인트'에 집중하라

그렇다면 승부욕은 가지되 집착에 빠지지 않으려면 어떻게 해야 할까?

시선을 바꿔라. 스코어가 아니라 지금 내 앞에 있는 공에 집중하라. 진짜 실력 있는 사람들에겐 특별한 공통점이 있다. 5대 0으로 앞서고 있을 때도, 반대로 0대 5로 뒤처져 있을 때도 **한 포인트 한 포인트에 똑같이 집중**한다. 결과만 생각하지 않는다. 오직 '지금 이 순간'에만 온 신경을 쏟는다.

경기에서 이겼는데도 기분이 썩 좋지 않을 때가 있다. 반대로, 분명 졌는데도 마음이 개운하고 만족스러운 순간이 있다. 이건 단순히 승패 때문이 아니다. 내가 그 경기에 어떤 태도로 임했는지가 더 큰 이유다.

'이번 게임만 이기면 세트를 따낸다'라는 생각 대신, '이 서브를 어디로 넣을까?'에 집중해 보자. '저 사람을 꺾어야 한다'라는 생각 대신, '이 공을 어떻게 처리할까?'를 고민하라. 신기하게도 결과를 내려놓고 과정에 집중할 때 오히려 더 좋은 결과가 나온다. 몸의 긴장이 풀리고, 판단이 명확해지며, 평소 연습한 기술들이 자연스럽게 나온다.

매 포인트 '지금 내가 할 수 있는 최선이 뭔가?'를 묻자. 상대방이 강하든 약하든, 스코어가 앞서든 뒤지든, 그건 중요하지 않다. 중요한 건 이 순간 내가 얼마나 집중해서 좋은 플레이를 하느냐다. 그렇게 한 포인트씩 쌓다 보면, 어느새 좋은 경기가 펼쳐진다. 이기든 지든 후회가 없다. 최선을 다했으니까. 그리고 그런 경기를 한 후에는 상대방도, 파트너도, 나 자신도 모두 만족한다.

승부의 결과는 점수로 정해지지만, 테니스의 참된 의미는 그 과정에 있다. 이기는 모습도, 지는 모습도, 한 포인트 한 포인트에 임하는 자세도 모두가 당신이 어떤 사람인지를 보여 준다. 점수판에는 승패의 기록이 남지만, 사람들 기억에는 당신의 태도가 남는다.

승부욕은 가지되 품격은 잃지 말자

진짜 실력자는 승부욕과 품격을 함께 지닌다. 경기 전에는 겸손하고, 경기 중에는 당당하며, 경기 후에는 우아하다. 멋진 샷에는 아낌없이 박수를 보내고, 상대의 실수에는 조용히 시선을 돌린다. 파트너가 흔들릴 때는 손을 뻗어 주고, 이겼을 땐 겸손하게, 졌을 땐 기분 좋게 악수한다. 그는 점수로만 승패를 나누지 않는다. 자신의 태도와 플레이로 경기의 품격을 만든다. "이겨야 한다"라는 강박 대신, 스스로 이렇게 물어본다.

'어떤 플레이로 이 경기를 치르고 싶은가?'

그 질문이 플레이의 방향을 바꾸고, 경기의 태도를 바꾼다. 실수했을 땐 짜증스러운 말투나 행동을 하지 않고 조용히 호흡하며 생각을 리셋한다. 감정을 다스릴 줄 아는 사람만이 흐름을 다시 끌어올릴 수 있다. 상대가 멋진 샷을 날렸을 땐 "굿 샷!"이라고 외친다. 진짜 강한 사람은 상대를 인정할 줄 아는 사람이다.

무엇보다, 내가 통제할 수 있는 것에만 집중하라. 심판의 판정, 바람과 햇빛, 관중의 반응, 상대의 태도는 내 손을 떠난다. 오직 내 샷, 내 움직임, 내 판단만이 내가 컨트롤할 수 있는 경기력이다.

그리고 마지막으로, 마음속으로 이렇게 다짐하라.

'지더라도 나다운 플레이를 하겠다'

이 다짐은 경기를 더 자유롭고 단단하게 만든다. 결과보다 과정에 집중하는 사람, 점수보다 태도에 책임지는 사람, 그가 바로 진짜 실력자다.

This Week's Action Mission

**"승패보다 태도!
품격 있는 승부욕 만들기"**

- 경기 시작하기 전, '나다운 플레이 목표' 3가지를 세워 보자.
- 결과가 아닌, '지금 이 한 포인트'에 집중하자.
- 감정이 흔들릴 때, '3초 루틴'으로 마음 정리하자.
- 상대의 좋은 플레이에 "굿 샷!" 한마디를 전하자.
- 경기 중·후에 파트너와 상대방을 존중하는 태도를 유지하자.

테니스는 잘하는 사람이 이기는 경기가 아니다.

끝낼 수 있는 사람이 이기는 경기다.

막연히 연습만 반복한다고 무기가 생기지 않는다.

언제, 어디서, 어떤 기술을 쓸지까지 준비된 시나리오,

그게 진짜 무기다.

자세보다 임팩트, 감보다 데이터,

보여 주기보다 믿고 휘두르는 한 방.

이제는 단순히 '칠 생각'이 아니라

흐름을 읽고, 자리를 잡고, 결정타를 꽂는

실전형 테니스로 나아가야 한다.

이 파트에서는

당신만의 무기를 발견하고,

그 무기를 완성해 가는 여정을 시작한다.

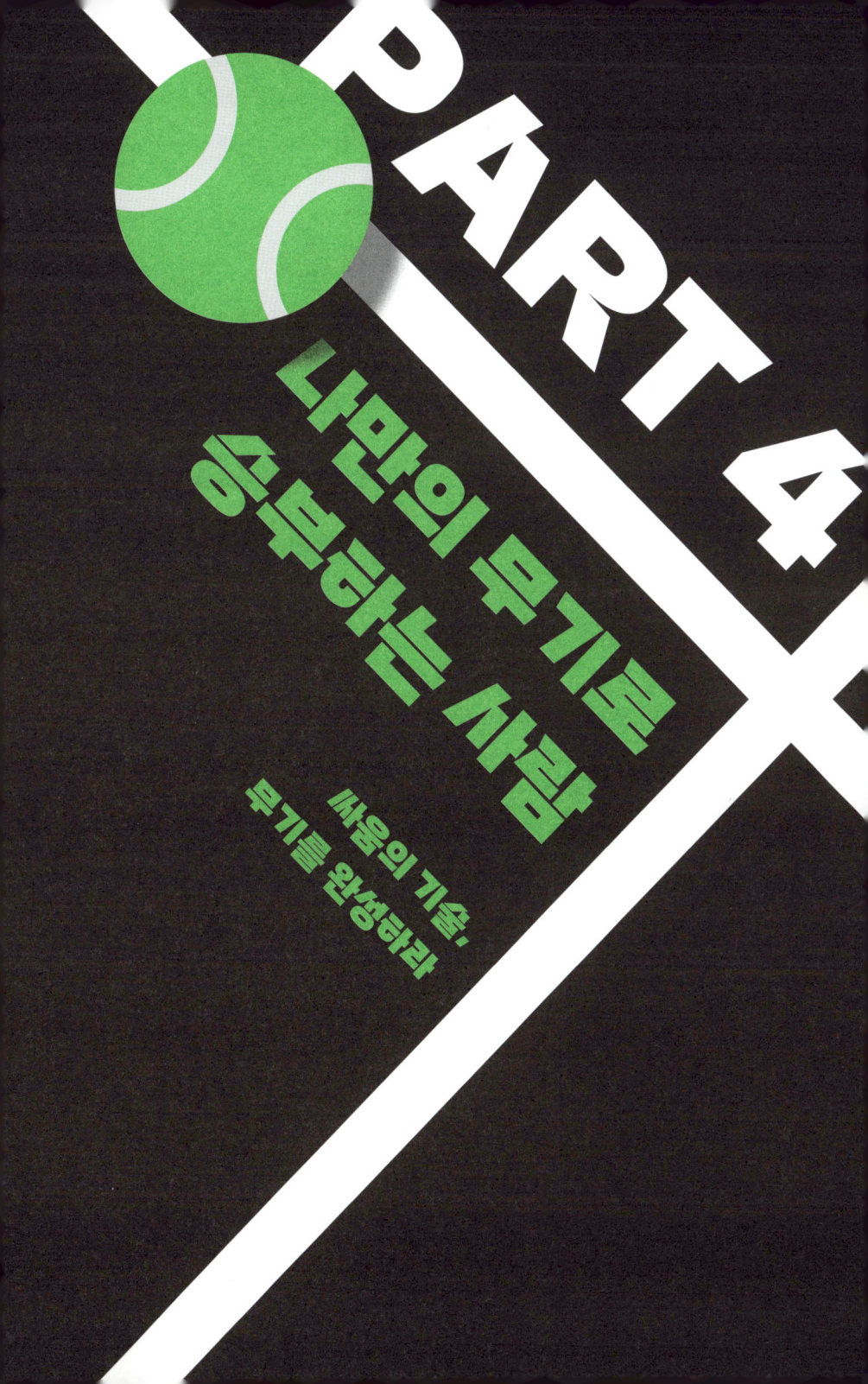

PART 4

나이의 무기를 승부하는 사람

세월의 기술, 무기를 완성하라

Week 28 정답은 없다, 나에게 맞는 방법이 있을 뿐!

"누구나 '정답'을 찾고 싶어 한다.
하지만 테니스엔 정답이 없다. 내 몸의 감각,
리듬, 신체 조건에 적합한 나만의 방법을
찾는 것이 중요하다. 다른 사람의 기준이나
루틴이 아닌, 당신만의 기준과 방법을 만들어라!"

"유튜브에서 본 대로 했는데, 잘 안돼요."

"저도 나달처럼 치고 싶어요."

"다른 사람들은 이렇게 하면 잘되던데, 저는 왜 안될까요?"

많은 사람이 유튜브 속 화려한 기술, 프로 선수의 완벽한 자세, 고수의 스윙을 보며 '나도 저렇게 쳐야지'라고 생각한다. 하지만 그대로 따라 해 보면 어색하다. 따라 할수록 내 감각은 흐려지고,

동작은 더 부자연스러워진다.

사람들은 왜 자꾸 정답을 찾으려고 할까?

우리는 어릴 때부터 '정답'을 맞히는 데 익숙하다. 틀리지 않아야 한다는 압박 속에서, 시도보다는 공식을 외우며 배워 왔다. 테니스에서도 마찬가지다. "몇 도로 꺾어야 하나요?" "팔은 어디까지 빼야 하나요?" 같은 질문이 쏟아진다. 그렇게 공식만 찾다 보면, 내 몸의 감각은 무뎌지고 결국 남의 답에만 의존하게 된다.

무엇보다 사람들은 빠른 효과를 원한다. 감각을 익히고 내 몸에 맞는 동작을 찾아가는 데는 시간이 필요하다. 그 기다림이 답답하니, '정답'이라는 말이 더 매력적으로 들린다. 하지만 테니스는 그런 식으로 풀리는 문제가 아니다.

정답을 묻기 전에, 먼저 나를 이해해야 한다. 내 몸의 리듬은 어떤지, 어떤 스윙이 가장 자연스러운지, 어떤 상황에서 움직임이 흐르듯 이어지는지를 알아 가야 한다. 그 과정에서야 비로소 '나만의 정답'이 만들어진다. 결국 **좋은 스윙이란, 누가 알려 준 자세가 아니라 내가 익혀 낸 루틴이다.** 정답은 외우는 게 아니라, 만들어 가는 것이다.

정답은 없다, 나에게 맞는 방법이 있을 뿐!

"오픈 스탠스로 서야 하나요, 크로스로 서야 하나요?"

"어느 정도 앉아야 하죠?"

"어느 타이밍에 공을 쳐야 할까요?"

"그립은 어떻게 잡는 게 맞아요?"

테니스엔 하나의 정답만 있는 게 아니다. 공마다 다르고, 사람마다 다르고, 상황마다 다르다. 중요한 건 '원리'를 이해하고, 그 원리를 내 몸에 맞게 적용하는 능력이다. 내가 왜 이렇게 치는지, 어떤 원리로 공이 가는지를 빨리 깨우치면, 테니스는 훨씬 쉬워진다.

주시안이 다르면, 스탠스도 달라야 한다. '주시안'은 공의 궤적, 거리감, 깊이감을 인식하는 데 중심이 되는 눈이다. 왼쪽 눈이 주시안인 사람은 클로즈드 스탠스 closed stance(공을 맞힐 때 어깨와 골반이 네트와 평행하지 않고, 옆으로 틀어져 있는 자세)가 더 편하다. 몸을 옆으로 돌리면 왼쪽 눈으로 공을 더 또렷하게 볼 수 있기 때문이다. 반대로 오른쪽 눈이 주시안이라면, 오픈 스탠스 open stance(공을 맞힐 때 앞발(오른손잡이 기준 왼발)이 네트와 거의 평행하거나 열려 있는 자세)가 훨씬 자연스럽다. 몸을 억지로 닫으면 시야가 불편해지고 공의 거리감을 놓치기 쉽다. 백핸드는 이 구조가 반대로 작용한다.

키가 187cm인 사람과 157cm인 사람이 똑같이 앉아야 할까? 그럴 필요는 없다. 중심을 낮춘다는 원리는 같지만, 그 기준은 체형에 따라 달라진다. 키가 작은 사람은 이미 중심이 낮기 때문에, 과도하게 무릎을 굽히거나 허리를 낮추려고 하면 오히려 움직임이 어색해지고 밸런스가 무너질 수 있다. 반면, 키가 큰 사람은 중심을 더 낮춰야 자연스러운 움직임이 나온다. 중요한 건 '얼마나 앉았냐'가 아니라, 나에게 맞는 중심의 위치를 찾는 것이다.

공을 치는 타이밍도 상황마다 다 다르다. 어떤 상황에서는 반박자 빨리 쳐서 타이밍을 빼앗아야 하고, 또 어떤 상황에서는 일부러 템포를 늦춰서 상대의 리듬을 깨야 할 때도 있다. 공마다 타이밍과 대응도 달라야 한다.

그립을 잡는 방법도 천차만별이다. 사람마다 팔 길이, 손가락 길이, 손두께, 어깨 각도, 손목 유연성, 몸의 밸런스까지 다양하다. 그래서 모든 사람이 같은 그립을 잡을 수가 없다.

결국 중요한 건 '정답'이 아니다. 나에게 맞는 방법, 내 몸과 감각에 자연스러운 방법을 찾아야 한다. 그것이 진짜 실력을 만들어 준다.

최적의 임팩트를 찾아라!

원리를 이해하고 나만의 방법을 찾는 게 생각보다 쉬운 일이 아니다. 그래서 가장 중요한 것부터 시작해야 한다. 바로 '임팩트(공 맞추기)'다. 자세가 아무리 멋져도, 공이 맞지 않으면 아무 소용이 없다. 정확한 임팩트가 먼저고, 자세는 그다음이다. 어떤 상황에서도 공을 정확히 맞히는 능력, 어떤 몸의 상태든 원하는 방향으로 공을 보내는 감각. 이게 실전에서 통하는 '진짜 자세'다. 외국 선수들의 자세가 다 같은가? 아니다. 선수마다 팔 길이도 다르고, 리듬과 감각도 다르다. 중요한 건 **자기 몸에서 가장 강력한 임팩트가 나오는 스윙을 찾는 것**이다. 임팩트 순간에 집중하라. 공이 라켓에 닿는 그 순간, 내가 원하는 방향으로 공이 가고 있는지를 확인하라. 그리고 그 감각을 기억하라.

나에게 맞는 자세는 한 번 찾는다고 끝나는 게 아니다. 몸은 계속 변한다. 컨디션도 달라지고, 근력도 바뀌고, 감각도 달라진다. 그래서 계속 점검받고, 잘하고 있는지 확인해야 한다.

완벽해 보이는 누군가의 자세에 현혹되지 마라. 그 사람의 10년이 당신의 하루가 될 수는 없다. 중요한 건 '지금, 여기, 나'를 인식하는 것이다. 내 몸이 기억하는 감각, 내가 느끼는 편안함, 내 안에서 울리는 리듬. 그 속에서 진짜 답을 찾아야 한다.

조금 천천히 가더라도 내 것으로 만들어 가라. 진정한 실력은 남의 것을 베끼는 게 아니라, 나만의 것을 만드는 데서 나온다.

This Week's Action Mission

"정답 찾기 대신, 나만의 방법 실험하기"

- 내 주시안이 왼쪽인지 오른쪽인지 파악하고, 그에 맞는 스탠스를 시도해 보자.
- 키, 팔 길이, 손 크기 등을 고려해 편한 자세와 그립을 찾아 보자.
- 자세보다는 공을 정확히 맞히는 순간에 온 신경을 집중하자.
- 실패를 두려워하지 말고 다양한 방법으로 시도해 보자.
- 어떤 동작이 편한지, 어떤 때 잘 맞는지 메모하자.

※ 이 모든 과정을 코치와 상의하자!

Week 29 나만의 데이터를 쌓아라

"'많이 치면 늘겠지' 하는 막연한 믿음을 깨라.
감에 기대지 말고, 명확한 기준과
체계적인 관찰을 시작하라. 해 보고, 실패하고,
질문하고, 기록하고, 복기하면서
'나만의 데이터'를 쌓은 사람은 무섭게 성장한다."

'열심히 치다 보면 언젠가는 잘되겠지'
'많이 치다 보면 감이 오겠지'

  많은 사람이 무작정 공을 많이 치면 좋아질 거라고 믿는다. 하지만 그건 잘못된 생각이다. 물론 많이 치면 어느 정도 감이 생긴다. 그런데 그 감에만 의존하면 문제가 드러난다. 몸은 망가지고, 기술은 어정쩡해지고, 자신감은 들쭉날쭉해진다. 그렇다면 무엇이 중요할까? **감보다 '데이터'에 집중해야 한다.**

왜 '감'이 아니라 '데이터'여야 할까? 감은 흐릿하지만, 데이터는 명확하기 때문이다. 아무리 좋은 샷을 쳐도, 그 이유를 모르면 다음에 똑같은 샷을 다시 칠 수 없다. 그건 실력이 아니라 우연이다. 그저 잘 맞아서 기분이 좋을 뿐이다.

반면 데이터는 구체적이다. '이 각도에서 이 스텝으로 쳤을 때 공이 저쪽으로 갔다'라는 명확한 정보다. 왜 잘 맞았는지, 어떤 스윙과 어떤 타이밍, 어떤 각도였는지 구체적으로 알아야 다음에도 재현할 수 있다.

감은 운에 의존하지만, 데이터는 확신을 만든다. '이렇게 치면 저렇게 들어간다'라는 확신! 그 확신이 있어야 실전에서 재현할 수 있고, 내 플레이에 자신감이 생긴다.

데이터를 쌓으려면 우선 해 봐야 안다

안 해 본 건 절대 내 것이 되지 않는다. 해 보지도 않고 "그거 다들 하지 말라던데요"라고 말한다. 나는 이 말을 제일 싫어한다. 왜냐하면, 데이터는 몸으로 부딪혀야 쌓이기 때문이다.

남이 뭐라 하든 내가 해 본 경험만이 내 데이터가 된다. 처음엔 어색하고, 이상하게 느껴져도 괜찮다. 슬라이스든 로브든, 내가 시도하지 않으면 내 기술이 될 수 없다. 테니스는 직접 해 보고,

느끼고, 기록하고, 수정하면서 내 방식, 내 감각, 내 데이터를 찾아가는 운동이다.

'서브를 사이드로 넣고 싶다'라고 생각만 한다고 공이 그쪽으로 날아가진 않는다. 직접 쳐 보고, 조금씩 바꿔 가며 부딪혀 봐야 내 몸에 감각이 생기고, 거기서 비로소 데이터가 쌓인다.

서 있는 위치를 바꿔 보고, 스탠스를 넓혀 보고, 임팩트 타이밍을 앞당겨 보며 하나씩 변수들을 조정해 봐야 한다. 그때마다 공이 어떻게 반응하는지를 관찰하라. '오, 이거다!' 싶은 순간이 오면, 바로 기록하라. 며칠 뒤 다시 봐도 그대로 기억나는 그 한 줄이, 당신의 무기를 만들 수 있는 힌트가 된다.

나는 연습할 때 "콘cone(코트 위에 놓고 지정된 위치, 이동 경로, 타구 지점 등을 시각적으로 표시하는 데 사용하는 도구)을 꼭 세우라"고 말한다. 그건 단순한 조준 훈련이 아니다. '데이터를 수집하는 기준점'을 만드는 행위다. 콘을 기준으로 "이렇게 쳤더니 저쪽으로 가네" "이 각도에선 이쪽으로 벗어나는구나"라는 식의 즉각적인 피드백이 눈에 보이게 된다.

연습은 단순히 공을 많이 치는 시간이 아니다. 데이터를 쌓고, 그 데이터를 기반으로 확신을 만들어 가는 시간이다. '맞았다, 안 맞았다'만 반복하지 마라. 어떻게 쳐서, 어디로 갔는지 그 감각을 빠르게 체크하고 쌓는 것이 진짜 연습의 목적이다. 그래야 실전에서 공이 오는 순간 몸이 먼저 반응할 수 있다.

결국, 해 본 사람만이 데이터를 가진다. "그거 안 된대요" "하지 말라는데요" 이런 말로 가능성을 닫아 버리지 마라. **직접 해 보고, 실패하고, 거기서 배우고, 기록하며 쌓은 경험만이 내 데이터가 된다.**

나만의 데이터를 만드는 방법

그렇다면 구체적으로 어떻게 데이터를 쌓아야 할까? 막연하게 노트만 들고 있어서는 안 된다. 체계적으로 접근해야 한다.

첫 번째, 목표를 명확히 정하라. "오늘은 서브 연습해야지" 이런 식으로 뭉뚱그려선 안 된다. 원하는 지점에 콘을 세워 두고, "저 콘을 맞추겠다!" 이렇게 구체적으로 목표를 정해야 한다. 그래야 무엇을 시도하고, 어떤 데이터를 쌓을지가 명확해진다. 목표가 흐리면, 기록도 흐려지고, 성과도 흐트러진다.

두 번째, 변수를 하나씩 바꿔 가며 시도하라. 서 있는 위치, 스탠스 넓이, 토스 높이, 임팩트 타이밍, 라켓 면, 각도…. 이 모든 것이 변수다. 하지만 한 번에 여러 개를 바꾸면 뭐가 효과가 있었는지 도저히 알 수 없다. 하나씩, 천천히, 체계적으로, 변수를 바꿔 가며 결과를 확인하는 과정을 통해 나만의 데이터를 만들어 보자.

세 번째, 즉시 기록하라. '나중에 기억해서 적어야지' 하면 절대 기억이 나지 않는다. 가능한 한 빠르게 기록해 보자. "토스를 오른쪽으로 10cm 더 올렸더니 사이드로 잘 들어감" 이런 식으로 간단해도 상관없다. 핵심만 담으면 된다.

네 번째, 패턴을 찾아라. 몇 번 하면 규칙이 보인다. '왼발에 체중을 더 실으면 공이 왼쪽으로 간다' '임팩트를 늦추면 네트에 걸린다' 이런 패턴들이다. 작은 반복 속에서 나타나는 나만의 규칙이 바로 데이터다.

다섯 번째, 확신을 만들어라. 같은 조건에서 열 번 중 일고여덟 번 성공하면, 그때부터 확신이 생긴다. '이렇게 치면 들어간다'라는 믿음이 생기는 것이다. 이 확신이 실전에서 당신을 지켜 준다. 공이 날아올 때 머뭇대지 않고, 바로 반응하게 만든다. 이게 데이터의 힘이다.

다시 한번 말하지만, 실전에서 흔들릴 때, 나를 지켜 주는 건 감이 아니라 내가 쌓아 온 데이터다. 공이 오는 그 1초 안에, '확신이 있는 사람'만이 반응할 수 있다.

This Week's Action Mission

"정답 찾기 대신, 나만의 방법 실험하기"

- 오늘 훈련의 구체적인 목표를 한 문장으로 적어 보자.

  ex "서브를 사이드로 넣는 정확도 향상"

- 스탠스, 토스 높이, 라켓 각도, 임팩트 위치 중 하나만 바꿔서 시도해 보자.

- 같은 조건에서 반복 시도 후, 나만의 규칙을 찾자.

- 성공률이 70~80% 이상 나온 조건을 반복해 자신감을 쌓자.

  ex 콘으로 중심 타깃을 시각화하고, 실전처럼 기록하며 훈련할 것!

Week 30 진짜 실력을 끌어올리려면? 기억 말고 기록!

"기억은 흐릿하고, 기록은 분명하다.
기록은 '나만의 테니스'를 만드는
가장 강력한 도구다."

"오늘 느낌 확실히 왔어!"

간혹 유난히 경기가 잘 풀리는 날이 있다. 하지만 하루만 지나도 그 느낌은 사라진다. 기록해야 한다고 말하면, "머릿속에 다 있어요"라고 한다. 하지만 실은 대부분 왜곡해서 기억하고 있을 뿐이다.

왜 기록해야 하는가?

인간의 기억은 생각보다 훨씬 부정확하다. 잘된 건 쉽게 잊고, 못한 건 부풀린다. 기록하지 않으면, 자신을 객관적으로 볼 수 없다. 연습할 땐 '오늘 느낌이 분명하다'라고 생각하지만, 하루만 지나도 그 감각은 흐려진다. 뭘 잘했는지는 잊히고, 실수한 장면만 계속 떠오른다. 그래서 훈련의 결과를 '기억'이 아니라 '기록'에 맡겨야 한다.

기록하면 스스로 관찰하는 힘을 기를 수 있다. "내가 오늘 뭘 시도했는지" "어떤 변화가 있었는지"를 적어 두고 자꾸 보다 보면, 문득 깨닫게 된다. '아, 나는 이런 과정을 거쳐 여기까지 왔구나' 그때 비로소 자신의 테니스를 객관적으로 바라보는 눈이 생긴다. 기록은 나를 훈련하는 또 하나의 코치다.

같은 실수를 반복하지 않을 수 있다. 기록하지 않으면, 똑같은 패턴을 무의식적으로 반복한다. 한 달, 석 달, 일 년이 지나도 같은 실수에 같은 말만 한다. '왜 안 되지?' '또 이게 문제네' 하지만 노트를 쭉 읽어 보면 명확한 순간이 온다. '내가 이걸 몇 달째 못하고 있었네' 하고 문제 상황과 원인을 구체적으로 인식할 수 있다. 그렇기 때문에 기록은 실수를 되풀이하지 않게 만드는 가장 확실한 방법이다.

기록은 나만의 무기를 찾게 해 준다. 모든 사람이 다르게 배운다. 같은 레슨이라도 각자가 소화하는 방식이 다르다. 그 차이를 이해하고, 내 방식으로 발전시키려면 기록이 필수다. 똑같은 드릴을 해도 '나에게 어떤 방식이 잘 맞았는지' 적어 둬야 한다. 그게 쌓여야 진짜 내 무기가 된다.

기록은 단순한 일기가 아니다. 그것은 객관적인 데이터이자, 나의 테니스 플레이를 해석하고 방향을 알려 주는 지도와 같다. 잘했던 루틴, 실패했던 시도, 그날의 컨디션과 타구감, 그 모든 것을 적어 두면, 어느 날 흐름이 보이기 시작한다.

어떻게 기록하면 좋을까?

그냥 아무 말이나 적어 놓으면 소용이 없다. 기록은 구체적이어야 한다. "오늘 포핸드 난항" "오늘 연습 좋았음" 이런 메모는 아무 도움이 되지 않는다.

1. 시도-결과-느낌을 구체적으로 적는다

기록은 훈련의 흐름을 읽기 위한 도구다. 그래서 '무엇을 시도했고, 어떤 결과가 있었으며, 그때 어떤 감각이 있었는지' 이 세 가지를 함께 적는 게 핵심이다.

- 시도: 오늘은 서브&리턴을 시도했다.
- 결과: 첫 발리 위치 선정이 어정쩡해서, 아웃되거나 겨우 넘기고는 바로 당했다.
- 원인: 상대가 임팩트하는 순간 스플릿 점프로 정리를 해야 했는데, 급한 마음에 무작정 전진하면서 치다 보니 밸런스가 흐트러졌다.

2. 패턴을 파악할 수 있도록, 반복적으로 적는다

같은 기준으로 반복해서 기록하면 패턴과 변화의 흐름이 보인다.

- 월요일엔 서브할 때 리듬을 조금 늦춰 봤다. 더블 폴트가 줄었다.
- 수요일엔 그 리듬을 유지하되, 토스를 높여 봤다. 첫 서브 성공률이 올랐다.
- 금요일엔 토스는 그대로 두고 임팩트를 더 과감하게 해 봤다. 위닝 샷이 많아졌다.

하루의 기록은 별거 없어 보이지만, 이렇게 며칠만 쌓여도 나만의 흐름이 보인다. "아, 서브 리듬을 조정하니까 전체 성공률이 높아졌네" 그때부터 감에 기댄 연습이 아니라, 흐름을 읽어 내는 훈련이 된다.

3. 진짜 실력이 보이도록 잘한 것도 적는다

사람들은 이상하리만치 '잘못한 것'만 잘 기억한다. "포핸드 망했어" "서브는 계속 실수해"라며 쉽게 말하지만, "오늘 뭐가 제일 잘됐지?"라는 질문에는 대답을 못 한다. 잘한 걸 기록해 본 적이 거의 없기 때문이다. 못한 것만 계속 적으면, 뇌는 '나는 잘 못하는 사람'이라는 신호를 계속 받는다. 반대로 잘한 것을 기록하면 '나는 ○○○를 할 수 있는 사람'이라는 신호를 보낸다. 기록은 단순한 메모가 아니라 내 무의식을 훈련하는 트리거다.

"오늘은 발리에 자신감이 생겼다. 네트에 가까이 붙어서 각도를 내니 확실하게 포인트를 끝낼 수 있었다."

이 문장을 쓴 순간, 뇌는 그 루틴을 '성공 패턴'으로 저장한다. 잘한 기록이 쌓이면, 자신감도 함께 쌓인다.

4. 가능한 한 빨리, 한두 줄이라도 매일 기록한다

'나중에 적어야지' 하면 절대 기억할 수 없다. 꿈을 꾸고 나서 꿈의 내용을 바로 적지 않으면 기억에서 사라지는 것과 똑같다. 그 순간의 감각과 깨달음은 시간이 지나면 흐려진다. 완벽한 문장일 필요는 없다. 가능한 한 빨리 적어라. 기록은 '즉시성'이 생명이다. 그 순간을 놓치면, 다시는 그 감각을 정확히 되살릴 수 없다.

기록을 활용하는 법

적어 둔 테니스 연습 기록을 날 잡아서 처음부터 끝까지 쭉 읽어 본 적이 있는가? 그러면 그동안 놓쳤던 흐름이 보이기 시작한다. '아, 이때부터 조금씩 좋아졌구나' '계속 같은 이유로 막히고 있었네' 이런 가닥이 눈에 들어오면, 연습의 방향도 분명해진다.

코치와의 대화에서도 기록은 강력한 도구가 된다. "포핸드가 안 돼요"라고 막연하게 말하는 대신, "지난주에 백스윙을 짧게 해 봤는데 여전히 타이밍이 늦어요. 다른 방법이 있을까요?"라고 기록을 바탕으로 구체적으로 질문해 보자. 이때부터 진짜 대화가 시작된다. 코치도 정확한 피드백을 할 수 있고, 함께 문제를 분석할 수도 있다.

좋은 코치는 답을 직접 주는 대신, 스스로 찾아 갈 방향을 제시하고 선택권을 준다. 그 과정에서 "저는 이 방법이 더 잘 맞아요"라고 말할 수 있으면, 이미 여러 가지 해결책이 내 안에 쌓인 것이다.

처음에는 기록이 어색하고 엉성할 것이다. 하지만 몇 달 뒤 그 첫 페이지를 다시 보면 성장의 흔적이 보인다. '그때는 이런 고민을 했었구나' 하며 웃게 된다. 그 기록들이 시간이 지나면서 나만의 무기가 된다.

This Week's Action Mission

"기억 대신 기록,
나만의 기록 루틴 시작하기!"

- 오늘 훈련에서 무엇을 시도했고, 어떤 결과가 나왔으며, 그때 어떤 느낌이었는지를 하루 3줄로 적어 보자.
- 일주일 동안 같은 기술(예: 서브, 리턴, 발리 등)을 동일한 기준으로 반복 기록하자.
- 기록을 읽으며 내가 반복하는 실수, 변화의 시점, 성공률 향상의 흐름을 찾아내자.
- 감각이 좋았던 타구, 자신감을 느낀 움직임도 함께 적어 두자.

Week 31 공격형? 수비형? 내 스타일을 찾아라

"테니스에서 가장 먼저 해야 할 것은 '자기 이해'다.
나를 알면 길이 보이고, 상대를 읽으면
방법이 보인다. 그때 비로소 내 무기를
꺼낼 수 있다. 당신은 공격형인가? 수비형인가?"

"저는 수비형이에요. 안정적으로 치는 걸 좋아해서 절대 무리하지 않거든요"라고 말하면서 공은 빵빵 치고, "저는 공격적으로 쳐요"라고 말하면서도 정작 안전하게 넘기기만 하는 사람도 있다.

우리는 종종 '하고 싶은 플레이'와 '실제로 하고 있는 플레이'를 구분하지 못한다.

차분하게 치고 싶다면서도, 막상 공이 오면 세게 내지르기도 하고, 수비형이라고 말하면서도 계속 공격적으로 휘두르기도 한다. 이런 인식의 오류는 전략을 흐리고, 중요한 순간에 올바른 선택을 막는다. '이상적인 나'가 아니라 '지금의 나'를 정확하게 알아야 한다. 그래야 다음 단계로 나아갈 수 있다.

나는 공격형인가? 수비형인가?

공격형과 수비형을 더 깊이 들어가 분석해 보면 이는 마인드와 경기를 풀어가는 방식, 위기에 대처하는 방법에서 차이가 난다.

찬스를 바라보는 관점부터 다르다. 공격형은 찬스가 오면 설렌다. 기회를 만들고, 확실하게 끝내고 싶어 한다. 반대로 수비형은 무리한 결정보다는 안정된 흐름 속에서 상대의 빈틈을 기다린다. 조급하지 않고, 타이밍이 무르익기를 기다린다.

경기 흐름을 대하는 방식도 정반대다. 공격형은 흐름을 바꾸고, 빠른 전개로 판을 흔들고 싶어 한다. 그러니 순간의 속도로 상대를 압도한다. 이에 반해 수비형은 흐름을 지키고 싶어 한다. 자신이 만든 패턴을 유지하며, 반복되는 랠리 속에서 상대를 지치게 만들어 실수를 유도한다.

코트에서의 위치 선호도 다르다. 공격형은 베이스라인 안쪽에서 심리적 안정감을 느낀다. 앞으로 달려가는 리듬을 즐기는 것이다. 수비형은 조금 뒤쪽에서 공과 거리를 두고, 상대의 방향을 읽을 시간을 만든다.

감정 변화에 따른 반응도 극명하게 갈린다. 공격형은 감정이

고조되면 활기가 붙고 샷에 에너지가 실린다. 반면 감정이 무너지면 조급해져 무리한 선택이 늘어난다. 수비형은 흔들려도 신중함을 유지하려 한다. 하지만 감정 기복이 클수록 결정이 늦어지고 소극적으로 흐르기 쉽다.

나는 어떤 타입일까? 구체적으로 확인해 보자.

상황	공격형 반응	수비형 반응
찬스 볼이 왔을 때	바로 마무리하려고 한다	한 번 더 기회를 만들려고 한다
중요한 포인트에서	더 공격적으로 간다	더 안전하게 간다
경기 템포	빠른 전개를 선호한다	자신의 리듬을 유지하려 한다
선호하는 포지션	베이스라인 안쪽, 전진	베이스라인 뒤쪽, 공간 확보
상대가 강하게 칠 때	맞받아치려고 한다	일단 안전하게 넘긴다
뒤처지는 상황에서	한 방으로 뒤집으려 한다	끈질기게 버티며 기회를 기다린다
감정이 올라갔을 때	더 강하게 치고 싶어 한다	침착함을 유지하려고 한다
실수했을 때	다음엔 더 과감하게 한다	다음엔 더 안전하게 한다

나를 아는 만큼 중요한 것, 상대를 아는 것!

테니스는 혼자 하는 스포츠가 아니다. 내가 아무리 잘 쳐도, 상대를 읽지 못하면 같은 실수를 반복한다. 그러니 먼저 상대가 공격형인지 수비형인지를 파악할 수 있어야 한다. 그리고 상대가 어떤 포인트에서 강해지고, 어떤 상황에서 흔들리는지를 읽어 내야 한다. 이 감각이 있어야 내 무기를 더 정확하게, 더 효과적으로 꺼낼 수 있다.

상대의 성향과 나의 스타일이 만나 어떤 흐름이 만들어지는지 파악하고, 그 흐름 속에서 전략을 유연하게 조율할 줄 아는 사람이 진짜 '경기를 운영하는 사람'이다.

공격형(나) vs 공격형(상대) : 유연함이 승부

둘 다 전진적이고 빠른 전개를 선호할 때, 초반부터 불꽃 튀는 주도권 싸움이 벌어진다. 이때 변화를 줄 수 있는 유연함이 이긴다. 한 템포 늦추거나, 각도를 바꿔 패턴을 흔드는 지혜가 필요하다. 같은 페이스로만 밀어붙이면 결국 더 센 쪽이 이긴다.

공격형(나) vs 수비형(상대) : 타이밍과 변화

상대는 당신의 실수를 유도하며 리듬을 지키려 할 것이다. 무턱대고 강하게 치면 오히려 그 리듬에 휘말린다. 속도보다는 타이밍, 강도보다 간결한 결정력이 중요하다. 드롭 샷, 앵글 샷, 슬라이스처럼 패턴을 깨는 샷으로 흐름을 바꿔라.

수비형(나) vs 공격형(상대) : 리듬 파괴

초반엔 몰릴 수 있지만, 공격형일수록 빈틈도 많다. 상대의 리듬에 끌려가지 말고, 슬라이스, 로브 등으로 흔들어라. 상대의 리듬을 깨는 게 포인트다. 이것이 수비형의 반격이다.

수비형(나) vs 수비형(상대) : 집중력 승부

겉보기엔 지루할 수 있지만, 엄청난 집중력의 싸움이다. 서로 실수를 기다리고, 찬스를 주지 않기 위해 리스크를 줄인다. 이 조합에서는 결국 실수 관리, 그리고 심리전이 핵심이다. 누가 마지막까지 집중을 유지하느냐가 승패를 가른다.

테니스, 레벨마다 전략이 달라야 한다.

자신의 스타일을 파악했다면, 이제 내 레벨에 맞게 활용해야 한다. 아무리 공격형이라도 초급자라면 무턱대고 공격만 할 수는 없다. 레벨에 따라 스타일을 다르게 적용하는 지혜가 필요하다.

당신이 초급자라면, 먼저 수비형 전략을 선택해 보자. 아직 컨트롤이 완벽하지 않은 상황에서 공격적으로 치면 실수만 늘어난다. 안정적으로 넘기는 것만으로도 실수가 줄고, 상대가 먼저 무너진다. '또 해 봐'라는 마음으로 천천히, 깊게, 침착하게 버텨라.

중급자는 흐름을 읽고 선택할 줄 알아야 한다. 찬스에서 공격할지, 더 기다릴지 판단하는 힘이 중요하다. 이 시기엔 '좀 치는 것 같다'라는 착각을 하기 쉽다. 그러니 무리한 공격보다 안정감 있는 전개가 먼저다.

상급자는 자유자재로 스타일을 넘나들 수 있어야 한다. 찬스엔 공격, 위기엔 수비. 고정된 스타일보다 중요한 건 상황에 따라 공격과 수비를 오갈 수 있는 능력이다. 실력은 하나하나 쌓는 것이지, 한 번에 뛰어넘는 게 아니다. 지금 내 레벨에 맞는 스타일부터 차근차근 제대로 다져 보자.

당신은 공격형인가? 수비형인가? 이제 그 답을 알았다면, 상대를 읽고, 상황을 판단하며, 나를 현명하게 쓰는 법을 익혀라. 진짜 실력자는 흐름 안에서 자기 스타일을 운영할 줄 아는 사람이다.

This Week's Action Mission

"스타일 분석 실전 적용하기"

- 내 스타일을 진단하고 문장으로 정의해 보자.

    ex 상황을 먼저 읽고, 기회를 노리는 수비형 플레이어
    찬스를 만들고 과감히 마무리하는 공격형 플레이어

- 경기 시 첫 3~5포인트 동안 상대의 성향을 의식적으로 관찰하고, 내 스타일과 상대 스타일 조합에 맞는 전략을 실제 경기에서 시도해 보자.

- 수비형이지만 공격이 필요할 때, 혹은 공격형이지만 수비가 필요할 때를 판단하고 전략을 전환해 보자.

Week 32 공간과 높이를 조절해 타이밍을 훔쳐라

"테니스는 힘의 스포츠가 아닌,
공간의 스포츠이다. 공간을 지배하는 자가
타이밍을 지배하고, 타이밍을 지배하는 자가
경기를 지배한다."

"상대가 너무 세서 밀려요. 어떻게 해야 하죠?"
"왜 힘으로만 맞붙으려고 해. 양옆, 위아래 공간이 이렇게 많은데…."

경기가 잘 풀리지 않을 때, 우리는 본능적으로 더 세게 치려 든다. 하지만 정작 프로 선수의 경기를 보면 그렇지 않다. 그들은 힘뿐만 아니라 '공간'으로 대결한다. 높이를 바꾸고, 각도를 틀고, 깊이를 조절하며 상대의 타이밍을 무너뜨린다. 같은 스피드의 공이라도 어디로 보내느냐에 따라 위력이 완전히 달라진다.

힘보다 공간, 생각을 전환하라!

많은 사람이 낮고 빠르게, 라인을 타고 쭉쭉 뻗어 나가는 공을 선호한다. 직선 테니스에 익숙한 것이다. 직선 테니스는 시각적인 임팩트가 크고, 잘 맞으면 속 시원한 느낌도 있다. 하지만 이러면 예측이 쉽다. 이 랠리가 반복되면 상대는 공격 타이밍을 수월하게 잡는다.

반면, 공간을 쓰는 테니스는 낯설다. 공이 더 느려 보이고, 궤적은 크고 높다. 처음엔 '왜 굳이 저렇게 치지?' 싶은 의문이 든다. 하지만 일정 수준을 넘어가면, 단순한 속도로는 더 이상 상대를 흔들 수 없다. 그 순간 필요한 게 바로 '공간을 다루는 힘'이다.

'세게 친다'라는 건 한 번의 강력한 샷으로 승부를 보는 것이고, '공간을 쓴다'라는 건 높이와 깊이로 흐름을 설계하는 일이다. 상대의 위치를 흔들고, 리듬을 무너뜨리고, 결국 경기를 내가 원하는 방향으로 끌고 가는 것이다.

이제는 생각을 바꿔야 한다. 직선으로만 승부를 가르는 시대는 끝났다. 공을 어떻게 하면 세게 칠 수 있을까만 고집하지 말고, '어디로 보낼 것인가' '어느 정도의 높이로 보낼 것인가' '어느 정도의 깊이로 꽂을 것인가' '어느 정도의 파워로 칠 것인가' 등을 의도적으로 선택할 수 있는 눈을 길러야 한다.

먼저, 공간을 그리는 눈을 가져라. 그때부터 경기가 다르게 보이기 시작한다.

'높이' '깊이' '궤적' 3차원으로 상대를 흔들어라

공간을 쓴다는 건 단순히 공을 높게 띄우거나 사이드로 보내는 기술이 아니다. 상대가 마음 편히 치지 못하게 만드는 것이다. 상대의 자세를 흔들고, 위치를 바꾸고, 타이밍을 빼앗을 수 있어야 진짜다.

1. 높이의 변화로 자세를 흔들어라

같은 높이로 계속 공을 치면 상대는 익숙하게 받아칠 수 있고, 경기의 흐름은 점점 상대 쪽으로 기운다. 공을 낮고 빠르게 보내면, 긴장감이 올라가고 위협적으로 느껴진다. 높게 띄우면 기다림이 길어진다. 공이 내려올 때까지 기다리는 그 시간이 상대의 리듬을 깬다. 머리 위로 보내면 시야가 불편해지고, 자연스럽게 타이밍이 한 박자 늦어진다. 높이만 바꿔도 상대의 자세는 흔들린다.

2. 깊이의 변화로 상대를 움직이게 하라

깊이에 변화가 없으면, 상대는 자리를 잡고 편하게 친다. 하지만 한 번은 깊숙이 밀었다가, 또 한 번은 짧은 샷을 치면 상대는 움직이지 않을 수 없다. 깊숙한 공은 각도를 내기 어렵기 때문에 공격하기 힘들다. 짧은 공은 전진을 유도해 뒷공간을 만든다. 그때 다시 깊게 보내면 상대는 또 전력 질주를 해야 한다. 한 번 깊게, 한 번 짧게, 다시 깊게. 이렇게 리듬을 바꾸는 것만으로도 상대는 중심을 잃고 흐름은 당신 쪽으로 넘어온다.

3. 궤적의 변화로 예측을 무너뜨려라

높이의 변화로 자세를 흔들고, 깊이의 변화로 위치를 흔들었다면 이제는 방향과 궤적을 바꿔 타이밍까지 무너뜨려야 할 차례다. 크로스가 안전하긴 하다. 네트도 낮고, 코트도 길다. 그래서 실수도 적다. 하지만 계속 그 방향만 고수하면 어떨까?

전위가 포칭poaching(네트 근처(전위)에 있는 플레이어가 네트 앞을 가로질러 상대의 스트로크를 가로채며 공격적으로 개입하는 플레이)이 쉬워지고, 후위는 예측 가능한 코스에 대비할 수 있다. 이럴 때는 다운 더 라인down the line(자신이 있는 쪽 사이드라인을 따라 직선 방향으로 치는 샷)을 과감하게 시도하거나, 와이드wide(코트 바깥쪽(사이드라인 근처)으로 치는 샷)로 상대를 코트 밖으로 끌어낸 뒤, 반대편 공간을 노려 강하게 마무리해야 한다.

같은 스윙에서 나오는 다른 궤적, 같은 준비에서 출발하는 다른 방향. 이 예측할 수 없는 변화야말로 진짜 무기다.

톱스핀, 공간 테니스의 무기

공간 테니스에서 '톱스핀top spin(공에 회전(앞으로 도는 회전)을 주는 타구 기술)'은 가장 강력하고, 가장 실전적인 무기다. 높이·깊이·궤적이라는 3차원적 요소를 톱스핀 하나로 모두 컨트롤할 수 있기 때문이다.

톱스핀을 걸면 공의 속도는 다소 줄어든다. 통계적으로도 약 9% 정도 낮아진다. 그러나 그 대신 공은 바운드 후에 더 높이 튀어 오른다. 상대는 그 탄력 때문에 타이밍을 놓치고 자세가 흐트러진다. 높이로 상대의 자세를 흔들고, 바운드로 타이밍을 무너뜨리고, 곡선 궤적으로 리듬을 꼬아 버리는 것. 그게 톱스핀의 힘이다.

게다가 실수할 확률도 줄어든다. 강한 회전이 공을 안으로 끌어당기기 때문이다. 더 세게 쳐도 더 안전하게 코트 안에 꽂을 수 있다. 이 원리를 이해한 사람은, 강하게 치되 안정적으로 이기는 법을 안다.

누구나 익숙한 것을 버리는 순간에는 망설인다. 하지만 그 '낯

섶'을 통과한 사람은 반드시 더 큰 무기를 손에 넣는다. 톱스핀을 자유자재로 쓸 수 있다는 건, 공을 넘기는 것을 넘어, 경기를 설계하는 사람으로 성장했다는 증거다. 이제는 힘이 아니라 공간으로, 감각이 아니라 흐름으로 싸워야 한다.

This Week's Action Mission

"공간의 마법사 되기, 3차원 테니스 마스터!"

- 평소보다 의도적으로 공의 높이를 조절해 보자.
- 짧은 공과 깊은 공을 섞어, 상대를 움직이자.
- 크로스 외에도 다운 더 라인이나 와이드 등 다양한 궤적을 시도하자.
- 톱스핀을 활용해 높이와 회전을 전략적으로 조합해 보자.
- 단순한 스피드보다 경기의 흐름과 리듬을 주도하려고 노력하자.
- 세게 치기보다, '공간과 리듬을 어떻게 쓸 것인가'를 먼저 고민하자.

Week 33 정확한 한 방은 '정확한 타깃'에서 시작된다

"허공을 보면 공은 허공으로 간다.
막연한 방향만으로 정확한 샷이 나올 수 없다.
정확한 타깃이 있어야 몸이 움직이고,
경기의 흐름이 바뀐다."

"아, 저 박스 안에 공을 넘어야지."
"저 콘을 맞춰야지."

목표는 비슷해 보이지만, 전혀 다르다. 전자는 흐릿하고, 후자는 분명하다. 박스는 영역이고, 콘은 좌표다. 그리고 테니스에서 정확한 한 방은 반드시 '정확한 좌표'에서부터 시작된다.

대부분 동호인은 막연한 방향을 향해 공을 친다. '사이드 쪽으로 빼야지' '오픈 코트로 보내야지' 하고 공을 치지만, 정작 공은 어중간하게 떠오르다 전위의 라켓에 딱 걸리거나, 엉뚱한 곳으로 흘러간다. 왜일까? 그 이유는 간단하다. 타깃이 불분명하기 때문이다.

정확한 타깃의 힘

우리 몸은 막연한 방향감보다 구체적인 지점을 향할 때 훨씬 정교하게 반응한다. '이쪽으로'라는 애매한 지시에는 대충 움직이지만, '저 콘을 맞춰야 한다'라는 명확한 목표가 주어지면 스탠스부터 스윙 궤적까지 모든 동작이 자동으로 최적화된다.

이런 몸의 정교한 반응은 집중력과도 직결된다. 콘이 없는 연습은 대충 넘기게 된다. 하지만 콘이 박혀 있으면, '이 공을 저 콘에 꽂겠다'라는 강한 집중이 생긴다. 단순히 정신만이 아니라, 호흡과 박자, 리듬과 판단까지 몸 전체의 감각을 깨운다. 막연한 방향이 아닌 구체적인 좌표를 향한 집중은 연습의 질을 근본적으로 바꾼다.

경기에서 좋은 샷은 '센 샷'이 아니라 '의도를 가진 샷'이다. 콘을 세우고 연습하면 '의도를 가진 샷'을 훈련할 수 있다. 게다가 콘을 맞췄는지 비껴갔는지 즉각 확인되기 때문에 혼자 연습할 때도 자신의 장단점을 명확히 알 수 있다. 이런 즉각적인 피드백은 '자기 점검 루틴'으로 이어진다.

연습에서 콘을 향한 정확한 샷은 실전에서 상대의 백핸드 코너나 공간을 공략하는 능력으로 발전한다. 정확한 타깃 없이 치는 공은 상대에게 기회를 줄 뿐이지만, 작은 목표물을 정밀하게 공략하는 훈련이 쌓이면 실전에서 '공격해야 할 곳'을 정확히 찾아내는 감각으로 확장된다. 결국 콘 하나를 향한 집중이 경기 전체를 지배하는 힘이 된다.

타깃 훈련, 어떻게 시작할까

타깃 훈련은 생각보다 단순하다. 먼저 작은 목표물 하나만 준비해 보자. 물병이나 테니스공, 혹은 콘 하나면 충분하다. 그리고 그 지점을 '정확히' 공략하겠다는 마음으로 공을 보내는 것이다. 막연히 '그쪽으로'가 아니라, '정확히 겨냥'하는 것이다.

이 단순한 훈련만으로도 스탠스, 타점, 스윙 궤적, 임팩트 이후의 팔로우 스루까지 모든 동작이 달라지는 걸 느낄 것이다. 콘을 향한 집중력이 생기고, 집중력이 생기면 훈련의 밀도가 달라진다.

서비스 훈련도 마찬가지다. 상대 서비스 박스의 T존이나 와이드 코너에 콘을 놓고, 그곳에 서브를 정확히 꽂아 보자. 처음엔 잘 안 맞는다. 하지만 타깃을 향해 계속 시도하는 순간, 내 몸이 각도와 스윙의 속도, 토스의 위치를 조금씩 조절하고 있는 걸 느끼게 된다. 그리고 어느 순간, 분명하게 꽂히는 샷이 만들어진다. 단지 '서브 연습'이 아니라, '정확한 의도를 구현하는 능력'이 만들어지는 것이다.

중요한 건, 연습할 때 '무엇을 하려 했는가'라는 의도와 연결하는 것이다. 그 의도는 타깃으로 구체화된다. 그리고 그 타깃을 기준으로 내 샷을 복기할 수 있어야 한다. 오늘 몇 번이나 콘에 명중했는지, 어떤 자세일 때 정확히 들어갔는지, 어떤 실수 패턴이 반복됐는지를 기록해 보자. 단순한 감각이 아니라, 데이터를 쌓는 것이다.

타깃이 있는 훈련은 단순히 정확도를 높이는 것을 넘어선다. '무엇을 하려고 했는가'를 명확하게 만들고, '내가 어떻게 하고 있는가'를 점검하게 만든다. 작은 콘 하나가, 당신의 의도와 집중, 그리고 성장의 방향을 바꾸는 시작점이 될 것이다.

'영점 조준', 조정하고 또 조정하라!

타깃을 정해 두고 연습해도 처음부터 꽂히는 샷은 드물다. 콘 옆으로 계속 빗나가거나, 방향은 맞는데 거리감이 들쭉날쭉하다. 그럴 때 필요한 게 '영점 조준'이다.

사격에서 '영점 조준'이란, 조준선과 실제 탄착점을 일치시키는 과정이다. 테니스도 마찬가지다. 타깃을 설정하고, 실제 샷의 궤적을 관찰한 뒤 그 어긋남의 원인을 찾아내고 조정하는 것. 이게 바로 테니스에서의 '영점 조준'이다.

분명 사이드로 서브를 넣으려 했는데 자꾸 바디로만 간다면? 자세는 어땠는지, 팔로우 스루는 어디로 향했는지, 토스의 위치와 높이, 라켓 면의 각도는 어땠는지 등을 하나씩 비교하면서, 내 몸의 조준선과 실제 결과의 차이를 추적해야 한다.

이는 '많이 치면 언젠가 맞겠지'라는 막연한 기대가 아니다. 몸의 어느 부분이 틀어졌는지를 정확히 인식하고, 미세하게 조정하는 루틴이다. 몇 번이나 맞았는지, 어떤 자세일 때 정확히 들어갔는지, 실패는 어떤 패턴으로 반복되는지를 복기해 보자.

좋은 샷을 가진 사람은 많다. 하지만 그 샷을 원하는 곳에 정확히 보낼 수 있는 사람은 드물다. 정확도는 감으로 되지 않는다. 반복과 점검, 조정이 쌓여야 가능하다.

처음엔 안 맞는 게 당연하다. 중요한 건 빗나간 방향을 보는 눈, 그걸 고쳐 가는 힘이다. 오늘 어긋난 조준선을 내일 다시 바로잡을 수 있는 사람이 결국 중요한 순간에 결정적 한 방을 정확히 꽂는다.

This Week's Action Mission

"타깃 훈련"

- 공을 칠 때 '막연한 방향'이 아닌 '정확한 좌표'를 겨냥하려고 의식해 보자.
- 빗나갈 때마다 원인을 분석하고 다음 샷에서 조정하자.
- 스탠스, 타점, 팔로우 스루 등 동작을 의식적으로 조정하자.
- 처음에 잘 안 맞아도 '그래도 해 보자'라는 마음가짐을 유지하자.

Week 34 세게 치는 것 vs 자신 있게 치는 것

"많은 사람이 자신 있게 치라고 하면 힘부터 준다.
하지만 그건 자신감이 아니라 조급함이다.
진짜 자신감은 강도가 아니라 확신에서 나온다.
그 확신으로 팔로우 스루를 끝까지 완성한다."

치는 족족 네트에 걸리거나 아웃이 될 때, 누군가가 옆에서 외친다.

"자신 있게 쳐!"

그러면 대부분 공을 세게 치려고 한다. 온몸에 힘이 들어가고, 스윙은 급해지고, 임팩트까지만 '빵' 치고는 팔로우 스루를 제대로 하지 못한다.

문제는 여기서부터다. 많은 사람이 '자신 있게 치는 것'과 '세게 치는 것'을 같은 것으로 착각한다. 그러나 이 둘은 전혀 다르다.

세게 친다는 건, 상대를 의식하는 플레이다

'이번 한 방으로 끝내야 해' '잘하고 있다는 걸 보여 줘야지!' 이런 마음이 앞설수록 몸에 힘이 잔뜩 들어가고 중심이 흔들린다. 강하게, 무리해서 공을 '밀어붙이듯' 치게 된다. 그 순간, 공을 보는 게 아니라 상대를 누르려는 마음이 스윙을 지배한다. 결국 타이밍은 무너지고, 컨트롤은 흐트러진다. 세게 친다는 건, 조급함이 만든 보여 주기식 에너지일 수 있다.

세게 치는 것이 상대를 의식하는 플레이라면, **자신 있게 치는 건 '나를 믿는 플레이'다.** 상대를 의식할 때는 이런 생각들이 머릿속을 지배한다. '저 사람보다 더 강하게 쳐야 해' '상대를 압도해야 해' '약해 보이면 안 돼' 이런 마음이 생기는 순간부터 상대에게 맞춰진 플레이가 된다. 주도권을 잃는 것이다.

자신 있는 사람은 온전히 '나'에게 집중한다. 상대가 어떻게 치든, 어떤 실력을 갖추든 상관없다. 내가 원하는 플레이, 내가 준비한 플레이를 믿고 실행한다.

그 자신감은 힘이 아니라 확신에서 나온다. 머리로만 아는 지식이 아니다. 몸에 장착된 머슬 메모리로 편안하게 자신이 원하는 곳에 공을 보낼 수 있을 때 나오는 에너지다. '만약 이게 아웃되면 어떡하지?' '만약 상대가 더 강하게 치면 어떡하지?'라는 생각 대신, 샷에 몰입하게 하는 '지금'을 택한다. 순간의 공, 스윙에만 집중하며 자신 있게 팔로우 스루를 끝까지 마무리한다.

수없이 반복해 기억한 감각은 몸이 먼저 안다. 그래서 긴장하지 않는다. 모든 것이 편하고 자연스럽다. 어떻게 움직이고, 어디로 보내야 할지 이미 기억하고 있기 때문이다.

세게 치는 건 조급함의 증거고, 자신 있게 치는 건 확신의 결과다. 보여 주기 위해 힘을 쓰는 게 아니라, 나 자신을 믿고 끝까지 밀어주는 것이다. ==진짜 자신감은 상대를 누르려는 힘이 아니라, 나를 믿는 확신==에서 나온다.

진짜 자신감을 가지려면?

그렇다면 진짜 자신감은 어떻게 만들어질까? 자신감은 성공을 확신해서 생기는 게 아니라, 실패해도 괜찮다고 믿을 때 비로소 생긴다. '이 공은 절대 안 걸릴 거야'라는 확신이 자신감이 아니다. '걸릴 수도 있어, 하지만 그래도 내가 판단한 대로 쳐 보자'라며 결과를 두려워하지 않고, 자신의 선택을 끝까지 밀어붙일 수 있는 마음, 그게 진짜 자신감이다.

작은 성공부터 쌓아라. 무리한 샷보다는 확실히 들어가는 샷부터 시작하라. 70% 파워로 열 번 연속 들어가는 경험이, 100% 파워로 세 번 들어가는 경험보다 자신감에 훨씬 도움이 된다. '백 번 넘겨 보자' 이런 마음으로 치면 어떨까? 한 방으로 끝내려는 조급함 대신, 내가 원하는 곳에 계속 보낼 수 있다는 여유가 생기고, 이는 곧 자신감이 된다.

목표를 구체적으로 정하라. '세게 치자'가 아니라 '크로스 코너로 깊게'처럼 구체적인 목표를 세워라. 명확한 목표가 있으면 몸이 자연스럽게 따라온다. 막연히 '잘 쳐야지'보다 어디로, 얼마나 깊게, 스핀을 얼마나 걸어서 보낼지를 정확히 그릴 수 있어야 한다. 목표가 선명할수록 몸은 그 목표에 맞춰 최적의 움직임을 만들어 낸다.

연습이 쌓이면, '느낌'이 아니라 '확신'이 생긴다. 수백 번, 수천 번 반복한 감각은 몸에 새겨진다. 이렇게 새겨진 감각은 자연스러운 확신이 된다. 과정 없는 결과는 없다. 오늘의 플레이는 지금까지 쌓은 훈련의 결과다. 그 훈련이 쌓일수록 '이 정도면 들어간다'라는 확신이 몸 안에 자리 잡는다.

팔로우 스루에 집중하라. 임팩트에서 끝내지 마라. '끝까지 밀어준다'라는 마음으로 팔로우 스루를 완성하라. 스윙이 어디서 끝나는지 의식적으로 체크해 봐라. 골프, 야구, 테니스의 공통점이 여기 있다. 어떻게 끝나느냐가 샷의 품질을 결정한다. 임팩트는 과정의 한순간일 뿐이다. 진짜 중요한 건 그 이후다. 팔로우 스루까지 완성된 스윙에서 나오는 공은 다르다. 궤도가 안정되고, 스핀이 제대로 걸리고, 원하는 곳에 정확히 떨어진다. 그 경험이 쌓일수록 '내가 끝까지 밀어주면 된다'라는 확신이 생긴다.

실수를 두려워하지 말자. 자신감은 결과가 아니라 과정이다. 성공을 확신해서 휘두르는 게 아니라 실수도 감당할 수 있기 때문에 휘두르는 것이다. 공이 걸릴 수도 있고, 상대가 리턴할 수도 있고, 포인트를 잃을 수도 있다. 그럼에도 불구하고, 내가 보고, 정하고, 믿고 친 샷이라면 그 순간의 선택은 틀리지 않았다. 결과에 연연하지 않고, 실수도 흘려보낼 수 있는 사람만이 진짜 자신 있게 칠 수 있다.

This Week's Action Mission

"자신 있게! 진짜 자신감 찾기"

- '세게 치기'와 '자신 있게 치기'를 구분하며 훈련하자.
- 조급한 샷 대신, 명확한 목표와 타깃 이미지를 그리고 스윙하자.
- 팔로우 스루가 끝까지 완성되었는지 의식적으로 체크하자.
- 결과보다 내가 선택하고 실행한 과정에 집중하자.
- 실수해도 위축되지 말고, 자신감으로 다시 시도해 보자.

Week 35 배웠으면 해 봐야지, 해 봐야 알지!

"머리로 아는 것과 실제로 할 수 있는 건 완전히 다르다. 하지만 많은 사람이 틀릴까 봐, 점수를 잃을까 봐 시도조차 하지 않는다. 연습에선 실험하고, 경기에서 시도하고, 실전에서 써먹어라. 배웠으면 해 봐야지, 해 봐야 알지!"

"머리로는 알겠는데, 진짜 할 수 있을 것 같은데 막상 하려고 하면 안돼요."

아는 것과 그걸 실제로 '할 줄 아는 몸'을 만드는 건 완전히 다른 문제다.

'자세 낮추고, 들어가면서 빵! 팔로우 스루는 끝까지' 이렇게 완벽하게 계획했지만, 막상 공이 오면 그냥 반사적으로 치고 만다.

아는데 안되는 건 당연하다. 안 해 봤으니까!

머리는 논리로 이해하지만, 몸은 감각으로 기억한다. 머리가 '이렇게 해야 해'라고 명령을 내려도, 몸이 그 명령을 받아들이려면 수없는 반복이 필요하다. 마치 새로운 언어를 배우는 것처럼, 머리로 문법을 안다고 해서 바로 유창하게 말할 수 있는 건 아니다.

이제 "왜 안되지?"라는 말 대신 "해 봐야 아는구나!" 이렇게 바꿔 말해 보자.

배웠으면 해 봐야지, 해 봐야 알지

사실 대부분 '못해서'가 아니라 '안 해서' 안 되는 거다. 머리로는 이해했고, 심지어 할 수 있을 것 같은데, 실제로 시도하려 하면 망설여진다. 왜일까? 가장 먼저 떠오르는 건 실수에 대한 두려움이다. '틀리면 어쩌지?' '점수를 잃으면 어쩌지?' 이런 생각이 마음을 붙든다. 하지만 처음부터 잘하는 사람은 없다. **실수는 실패가 아니라 배우고 있다는 증거다.** 실수하는 그 순간은 몸이 새로운 감각을 익히는 시간이다.

사람들의 시선이 부담스럽기도 하다. '다들 나를 보고 있진 않을까?' '나만 못하면 어쩌지?' 그런데 생각보다 사람들은 당신의 플레이에 그렇게 큰 관심이 없다. 대부분 자신의 경기에 집중하느라 바쁘다.

아무리 완벽한 이론을 알고 있어도, 직접 해 보지 않으면 진짜 내 것이 되지 않는다. 해 보기 전에는 뭐가 진짜 문제인지, 무엇이 내 몸에 남는지 알 수 없다. 무언가를 배우면, 그 자리에서 그냥 끝내지 마라. 오늘은 하나라도 내 것으로 만들어야 한다는 마음으로 코트에 서라. 아무리 좋은 설명을 들어도, 아무리 멋진 시범을 봐도, 내가 직접 해 보기 전에는 아무것도 달라지지 않는다.

해 봐야 몸이 기억하고, 해 봐야 감각이 생기고, 해 봐야 자신만의 스타일이 만들어진다. 더 이상 망설이지 말자. 완벽할 때까지 기다리지 말자. 지금 당장, 오늘 당장 해 보자. 어설퍼도 괜찮고, 틀려도 괜찮다. 중요한 건 시작하는 것이다.

해 봐야 진짜 기술이 된다

레슨에선 잘 된다. 코치가 일정하게 공을 주고, 실수해도 기다려 주기 때문이다. 하지만 그건 연습일 뿐, 실전은 다르다. 진짜 기술은 압박감 속에서도 자연스럽게 나오는 것이다. 생각하지 않아도 몸이 반응하는 상태, 그게 진짜다.

실전은 예측 불가능한 공, 짧은 시간, 긴장된 분위기 속에서 벌어진다. 그 안에서 꺼낼 수 있는 건 오직 몸에 새겨진 감각뿐이다. 물론 무작정 덤비라는 얘기는 아니다. 지금 할 수 있는 만큼, 단계적으로 시도해 보면 된다.

연습에서는 마음껏 실험하라. 연습은 가장 안전한 실험실이다. 점수도, 승부도 없다. 틀려도 괜찮고, 다시 해 볼 수 있다. 오늘은 '백핸드 슬라이스만' '서브 그립을 바꿔서 해 보자' 이렇게 하나에 집중하면 감각이 더 선명하게 살아난다. 연습에선 결과보다 감각이 중요하다. 공이 잘 들어갔는지보다 어떤 느낌이었는지 알아차리는 게 더 중요하다. 실패를 두려워하지 말자. 철저한 계획 안에 녹아든 실패는 성장의 발판이 된다.

친선 경기에서는 용기를 내 보라. 친선 경기는 배운 걸 코트에 꺼내 보는 첫 무대다. 이때는 점수도, 승부에 대한 부담도 크지 않다. 실패해도 잃을 게 없다. 그러니 결과보다 시도가 중요한 시간이다. 한 세트를 '실험 세트'로 정해 새로운 기술을 경기에 써 보자. 그 자체가 훈련이다. "오늘 새로운 기술 써 보고 있어요"라고 미리 말하면, 상대방도 이해해 준다. 친선 경기는 연습과 실전 경기 사이의 다리 역할을 한다. 여기서 충분히 써 본 기술만이 경기에서 자연스럽게 나온다. 결과에 연연하지 말고 '시도한 나'에게 박수를 쳐 주자.

대회에서는 선택과 집중을 해라. 대회는 실험이 아니라 검증의 무대다. 앞서고 있을 때나, 상대방이 쉬운 공을 보내 줬을 때는 새로운 기술을 시도해 볼 수도 있다. 하지만 중요한 포인트에서 갑자기 새로운 기술을 쓰는 건 무모하다. 이기는 데 필요한 건 새로운 기술이 아니라, 내가 할 수 있는 걸 실수 없이 해내는 힘이다. 몸에 익은 기술, 성공률 높은 루틴, 자신 있게 칠 수 있는 샷. 대회에선 이것만 꺼내라.

해 본 후에는 반드시 정리하라. 시도만 하고 끝내면 안 된다. 해 봤다면 간단하게라도 정리해야 한다. 뭐가 됐고, 뭐가 잘 안됐는지, 감각적으로 어떤 느낌이었는지, 다음엔 뭘 더 시도해 볼 건지 짧게라도 남겨 두자. 이런 기록이 쌓이면 자신만의 학습 패턴이 보이기 시작한다. 어떤 상황에서 기술이 잘 먹히는지, 어떤 마음가짐일 때 시도가 쉬운지도 알 수 있다. 그리고 그 경험들이 다음 시도를 더 자신 있게 만들어 준다.

완벽한 시작은 없다. 하지만 용기 있는 시작은 있다. 배웠으면 해 봐야지, 해 봐야 알지. 오늘부터, 작은 것부터 해 보자. 그것이 진짜 성장의 시작이다.

This Week's Action Mission

"이론을 행동으로! 배운 것 적용하기"

- 연습에서 하나의 기술을 정해 집중적으로 실험해 보자.
- 완벽하지 않아도 일단 시도해 보는 마인드를 갖자.
- 실패를 두려워하지 말고 '데이터 수집' 과정으로 받아들이자.
- 작은 것부터 시작해서 점차 범위를 확장하자.
- 적용 후 얻은 감각과 피드백을 코치와 함께 점검하며 구체화하자.

Week 36 '칠 생각' 말고, '갈 생각'!

> "공을 치는 것보다 중요한 건
> '자리를 잡는 것'이다. 목표에 도달하지 않고
> 제자리에서 휘두르는 라켓은 그냥 허공을 가르는
> 막대기일 뿐이다. 발이 먼저 움직이면
> 여유가 생기고, 라켓이 먼저 움직이면
> 조급함만 남는다. '칠 생각' 말고 '갈 생각'으로,
> 다음 샷까지 준비하라."

공이 오면, 대부분 칠 생각부터 한다. 몸이 준비도 안 됐는데, 라켓부터 나간다. 다리는 안 움직이고, 시선은 급하고 중심은 흔들린다. 분명 스윙은 했는데 공이 잘 맞지 않거나, 밸런스가 무너져서 다음 공을 놓치기 일쑤다.

왜일까? '갈 생각' 없이 '칠 생각'만 가득했기 때문이다. 도달하지 않고 휘두르는 라켓은, 그냥 허공을 가르는 막대기일 뿐이다.

잘 치고 싶은 조급한 마음으로 결과부터 만들려고 하니, 움직일 생각은 사라지고 라켓만 바쁘다.

'칠 생각'의 함정

'칠 생각'만 가득한 사람은 경기 내내 급하다. 공을 치겠다는 마음만 앞서서, 다리는 움직이지 않고, 라켓만 바쁘게 휘둘러댄다. 마음은 이미 점수를 내고 있는데, 몸은 아직 준비도 되지 않은 채 따라가느라 바쁘다. 그런 플레이에서는 반드시 문제가 생긴다.

타이밍이 어긋난다. 공을 기다리지 않고 덮어놓고 치려고만 하니 스윙이 빠르거나 늦고, 공은 맞아도 손맛이 없다. 타점이 흐트러지고, 중심을 잃는다.

자세가 흐트러진다. 무릎은 굳고, 상체는 뜨고, 팔로만 치려 한다. 준비 없이 휘두른 라켓은 방향도 잃고, 힘도 실리지 않는다. 공은 네트에 걸리거나, 아웃라인으로 날아가거나, 어정쩡한 속도로 상대에게 다시 넘어간다.

포지션이 늦고, 흐름은 끊긴다. 움직이지 않으니, 제자리에 서서 억지로 치려하고, 한발 늦게 맞은 공은 다음 샷으로 이어지지 않는다. 결국 리커버리는 느리고, 주도권은 상대에게 넘어간다.

멘털이 흔들린다. 한 방에 끝내려는 마음이 클수록 조금만 어굿나도 실망은 커진다. '왜 이게 또 안 되지?' '이건 내가 넣었어야 했는데' 감정이 흔들리고, 표정이 흐려지고, 몸도 따라 굳는다. 조급함은 실수를 부르고, 연속되는 실수는 자신감을 떨어뜨린다.

==전술이 무너진다.== 공격만 하려 하니 상대는 금세 패턴을 읽는다. 방향 예측은 쉬워지고, 길게 끌고 가는 랠리는 버겁다. 결국 경기의 주도권은 천천히 상대 손으로 넘어간다.

이렇게 문제투성이라는 걸 알면서도, 왜 공만 오면 또 팔부터 휘두르게 될까? 그건 뇌가 우리를 속이기 때문이다. "지금 아니면 놓친다!"라는 경보가 울린다. 이건 기술 차원이 아니라 인간 본능의 영역이다. 생존 회로가 "일단 해!"라고 외친다. 게다가 "이번 한 방으로 끝내자"라는 조급함이 앞서고, 준비하는 시간은 낭비처럼 느껴진다.

결국 머리로는 아는데 몸이 안 따라주는 거다. 습관이 된 조급함, 몸에 밴 성급함이 우리를 지배한다.

'갈 생각'의 힘

그럼 어떻게 해야 할까? 답은 의외로 간단하다. 마음의 방향만 바꾸면 된다.

'칠 생각' 대신 '갈 생각'으로! '갈 생각'은 공을 치기 전에 먼저 그 자리에 도달하겠다는 마음이다. 라켓을 휘두르기 전에 발부터 움직이겠다는 의지다. 한 방에 끝내려 하지 않고, 제대로 준비한 후 확실하게 처리하겠다는 자세다. 발이 먼저 움직이면 모든 게 달라진다.

여유가 생긴다. 공이 도착하는 지점에 미리 도달한 후 치니까 타이밍을 조절할 수 있다. 급하지 않으니 공을 끝까지 볼 수 있고, 스위트 스폿에 맞출 확률이 높아진다. 몸의 중심도 잡혀 있어서 밸런스가 무너지지 않는다.

준비가 완벽해진다. 제대로 된 스탠스에서 치니까 전신의 힘을 활용할 수 있다. 무릎, 허리, 어깨가 순서대로 연동되어 최소한의 힘으로도 최대의 파워가 나온다. 팔만으로 치는 게 아니라 몸 전체로 치는 것이다.

방향이 정확해진다. 여유를 가지고 치니까 원하는 곳으로 보낼 수 있다. 상대의 위치를 보고, 코트의 공간을 노리고, 각도를 계산해서 칠 수 있다. 그냥 넘기는 게 아니라 의도를 가지고 보내는 것이다.

연결이 자연스럽다. 밸런스가 유지된 샷을 치니까 바로 다음 동작으로 이어진다. 공을 치자마자 다음 공에 대비할 수 있고, 상대의 리턴에 즉시 반응할 수 있다. 한 포인트가 끝날 때까지 흐름이 끊어지지 않는다.

자신감이 쌓인다. 안정적으로 공이 넘어가니까 마음도 편해진다. 실수가 줄어들고, 성공 경험이 쌓이면서 더 과감하게 플레이할 수 있다. 조급함 대신 침착함이, 불안함 대신 자신감이 자리 잡는다.

상대를 압박하며 경기를 주도할 수 있다. 상대의 모든 공을 넘기니, 상대는 점점 무리수를 두게 되고, 그 틈을 파고들 수 있다. 화려한 한 방보다, 끈질긴 랠리가 더 큰 위력을 발휘한다. 그렇게 경기의 흐름을 가져온다. 급할 땐 빠르게, 여유가 필요할 땐 천천히. 상대의 리듬에 끌려가지 않고, 내가 원하는 페이스로 경기를 만들어 간다.

결국 중요한 건, 공을 잘 치는 거다. 그런데 아이러니하게도, 공을 잘 치겠다는 마음만 앞서면 오히려 제대로 맞지 않는다. 잘 치고 싶다면, 치려고만 하지 마라. 결과를 쫓지 말고, 자리를 잡아라. 얻고 싶은 게 있다면, 그걸 바라보기 전에 지금 내가 실제로 해야 할 일이 무엇인지부터 분별할 수 있어야 한다.

테니스든 인생이든 마찬가지다. 원하는 걸 얻고 싶다면, 먼저 '어디에 힘을 쏟을지'부터 바꿔야 한다.

오늘부터, 칠 생각 말고, '갈 생각'!

This Week's Action Mission

"'갈 생각' 루틴 만들기!"

- 공을 치기 전, 먼저 자리를 잡고 준비한 루틴을 적용하자.
- 급하게 휘두르려 하지 말고, 먼저 임팩트 지점에 여유 있게 도달하자.
- 스윙 후 바로 리커버리 자세와 다음 동작 준비로 이어 가자.
- '급하게 휘두른 샷'이 나왔을 때, 원인을 인지하고 수정하자.

Week 37 확실한 나만의 무기로 결정타를 꽂아라

"결정타는 우연히 나오지 않는다.
막연한 연습만으로는 부족하다.
필요한 상황에서 꺼내 쓸 수 있는 구체적인
시나리오를 준비하라. 성장하고 싶다면?
시도하고 도전해 보라.
성공의 무기는 '도전'이다!"

들어오는 문은 있어도 나가는 문은 없는 것, 그게 테니스다. 테니스에 한번 빠져들면 끝이 없다. 모두가 열정적으로 연습한다. 새벽부터 코트에 나가고, 유튜브로 기술을 공부하고, 레슨도 꾸준히 받는다. 하지만, '포핸드를 잘 치자' '백핸드를 안정적으로'처럼 막연한 목표만을 가진 훈련에는 한계가 있다.

막연히 경기를 잘 이끄는 사람이 이기는 게 아니다. 공을 내 포

인트로 **바꿀 줄 아는 사람이 이긴다.** 연습 때는 자세도 예쁘고 깔끔한데, 경기만 들어가면 맥을 못 추는 사람이 있다. 반대로 자세는 어정쩡해도 결정적인 순간에 필요한 샷을 꺼내서 경기를 끝내는 사람이 있다. 차이는 간단하다. 전자는 '잘 치는' 연습을, 후자는 '끝내는' 연습을 했기 때문이다.

이기기 위한 훈련은 다르다. 공을 잘 맞히는 데 집중하는 훈련이 아니라, 경기를 결정짓는 기술과 감각을 준비하는 훈련이어야 한다. 상대를 흔들고, 주저 없이 마무리 지을 수 있는 기술. 그게 바로 나만의 무기다.

나만의 무기를 발견하는 법

많은 사람이 "무기를 만들고 싶다"라고 말하지만, 무기는 갑자기 생기지 않는다. 무기는 다듬어 가는 것이기 때문이다. 어디선가 발견하는 것이 아니라 이미 내 안에 있는 감각에서 골라내야 한다.

무기가 꼭 화려할 필요는 없다. 예전에 함께 운동하던 루마니아 선수가 있었다. 그 선수는 포핸드도, 백핸드도, 서브도 강하지 않았다. 그런데 슬라이스 하나로 상대의 리듬을 흔들고, 경기의 흐름을 가져갔다. 경기 내내 슬라이스만 치면서도 결국 승리했다. 남들이 보기엔 '재미없는 플레이'일지 몰라도, 그 선수에겐 확신 있는 전략이었고, 흔들리지 않는 무기였다.

테니스는 다양한 방식으로 이길 수 있는 경기다. 배운 것과 다르다고 해서, 틀린 건 아니다.

중요한 건, 자신만의 무기를 찾고, 그것으로 경기를 풀어가는 것이다.

내가 좋아하는 샷부터 찾아라. 먼저, 유독 손맛이 좋은 샷, 감각적으로 기분 좋은 샷을 떠올려 보자. 똑같이 넘긴 공이라도, 어떤 샷은 '이건 나랑 잘 맞는다'라는 느낌이 분명히 있다. 그게 바로 무기의 씨앗이다.

무의식적으로 자주 쓰는 샷을 관찰하라. 경기하다 보면, 위기 상황에서 무의식적으로 자주 꺼내는 샷이 있다. 누가 시킨 것도 아니고, 전략적으로 계산한 것도 아닌데, 그 상황이 오면 몸이 반응해서 자주 사용하는 샷이 있다면, 당신의 몸은 이미 그 샷을 '신뢰하고 있다'라는 뜻이다. 그런 샷이 바로 무기의 후보가 된다.

찬스 볼이 떴을 때 어떻게 마무리하는지도 중요한 기준이 된다. 상대가 실수해서 기회가 왔을 때, 당신은 어떤 샷을 선택하는가? 그 순간의 선택이 당신의 진짜 자신감을 보여 준다. '이건 확실히 넣을 수 있어'라고 생각하며 치는 샷이 있다면 그건 당신의 진짜 무기다.

연습에서는 잘되는데 실전에서 주저하는 샷이 있다면 무기가

될 가능성이 크다. 기술은 준비되어 있지만, 아직 확신이 부족한 것뿐이다. 그런 샷을 실전에서 반복적으로 시도하고, 성공 경험을 쌓다 보면 어느 순간, 당신만의 강력한 카드가 된다.

'이건 내 거다' 하고 확신하는 시나리오가 있는지도 생각해 보라. '사이드로 빠지는 공을 인사이드아웃으로 처리' '공이 짧게 떨어졌을 때 어프로치로 공격' 이런 식으로, 특정 상황이 되면 '이제 내 차례야'라고 생각하게 되는 패턴이 있을 것이다. 이런 패턴이 머릿속에 구체적으로 자리 잡고 있다면 그건 이미 '전략화된 무기'다.

발견한 무기를 완성하는 법

무기를 발견했다면 이제 그것을 진짜 무기로 완성해야 한다.

상황-선택-실행의 시나리오로 구체화하라. 막연히 "내 무기인 포핸드로 끝낸다"라는 말로는 부족하다. '상대가 백핸드로 쳤을 때(상황), 나는 포핸드로 돌아가서(선택), 크로스로 끝낸다(실행)' 이렇게 머릿속에 구체적인 그림이 있어야 한다. '포핸드로 슬라이스 공이 온다면, 자세를 낮추고 톱스핀으로 원하는 방향을 그려 낸다' '백사이드로 공이 빠지면 다운 더 라인으로 마무리한다' 이런 시나리오가 쌓이면, 실전에서도 주저 없이 무기를 꺼낼 수 있다.

다양한 변화구와 실전 적용력을 길러라. 같은 포핸드라도 공격할 때, 수비할 때, 카운터 칠 때의 포핸드가 모두 다르다. 각도, 속도, 높이를 조절해서 상대가 적응하지 못하게 만들어라. 그리고 연습에서만 잘되는 무기는 진짜 무기가 아니다. 긴장된 상황에서도, 중요한 포인트에서도 자연스럽게 나와야 한다. 처음에는 위험 부담이 적은 상황에서부터 시도해 보고, 점차 중요한 순간에도 쓸 수 있도록 단계적으로 늘려가자.

무기를 전략적으로 활용하라. 완성된 무기는 이제 전략이 되어야 한다. 포핸드가 무기라면 그걸 쓸 수 있도록 코트 안에서 먼저 자리를 잡고, 서브가 무기라면 다음 샷까지 연결되는 전개를 미리 준비해야 한다. 무기는 점수를 따는 도구인 동시에, 상대를 압박하는 존재다. "이 샷은 조심해야 한다"라는 인상을 주면, 상대는 이미 당신의 전략에 갇힌다. 다만 무기는 매 순간 휘두르는 칼이 아니다. 진짜 중요한 순간에 꺼낼 수 있어야 한다. 경기의 흐름이 흔들릴 때, 흐름을 가져올 결정적인 타이밍이나 진짜 중요한 순간에 꺼내야 진가를 발휘한다.

결정적인 순간에 의존할 무기가 있다는 건 엄청난 장점이다. 다른 모든 게 막혀도 "이것만큼은 확실하다"라는 마지막 카드가 있으니 마음이 든든하다. 중요한 건, 완벽한 올라운더all-rounder(다재다능한 사람, 스포츠에서 여러 역할을 맡는 사람을 지칭)가 되는 게 아니라 확실한 스페셜리스트가 되는 것이다.

당신의 무기는 무엇인가? 아직 없다면 오늘부터 만들어 보자. 그리고 그 무기로 결정타를 꽂아 보자.

> **This Week's Action Mission**

"나만의 무기 찾기!"

- 내가 좋아하는 '감각적인 샷'이 무엇인지, 그 이유는 무엇인지 기록하자.
- '이건 내 거야'라는 확신에 찬 무기를 적용할 시나리오를 준비하자.
  ex 그 샷을 쓸 수 있는 구체적인 '상황→선택→실행' 시나리오
- 준비한 시나리오를 경기에 적용하자.
- 시도 후, 성공과 실패의 원인을 복기하고 다이어리에 기록하자. 실전에서 주저했다면, 그 이유(긴장, 타이밍, 스텝 등)를 구체적으로 돌아보자.
- 나의 무기를 더 강하게 만들기 위해 더 집중하고 싶은 연습이 있는지 살펴보자.

경기는 흐름의 싸움이다.

찬스는 기다려 주지 않고, 흐름은 언제든 넘어갈 수 있다.

흐름을 읽고 움직이는 자가 끝을 잡는다.

흐름을 주도하려면

상대를 흔들고, 리듬을 깨고, 타이밍을 뺏어야 한다.

파트너와 함께 움직이고, 말하고, 설계하고, 끝낼 수 있어야 한다.

기술이 아니라 전략, 패턴이 아니라 선택,

감정이 아니라 흐름을 다스리는 힘.

이 파트에서는

흐름을 읽고 경기를 매니지먼트하는,

진짜 실전형 플레이어로 나아가는 법을 다룬다.

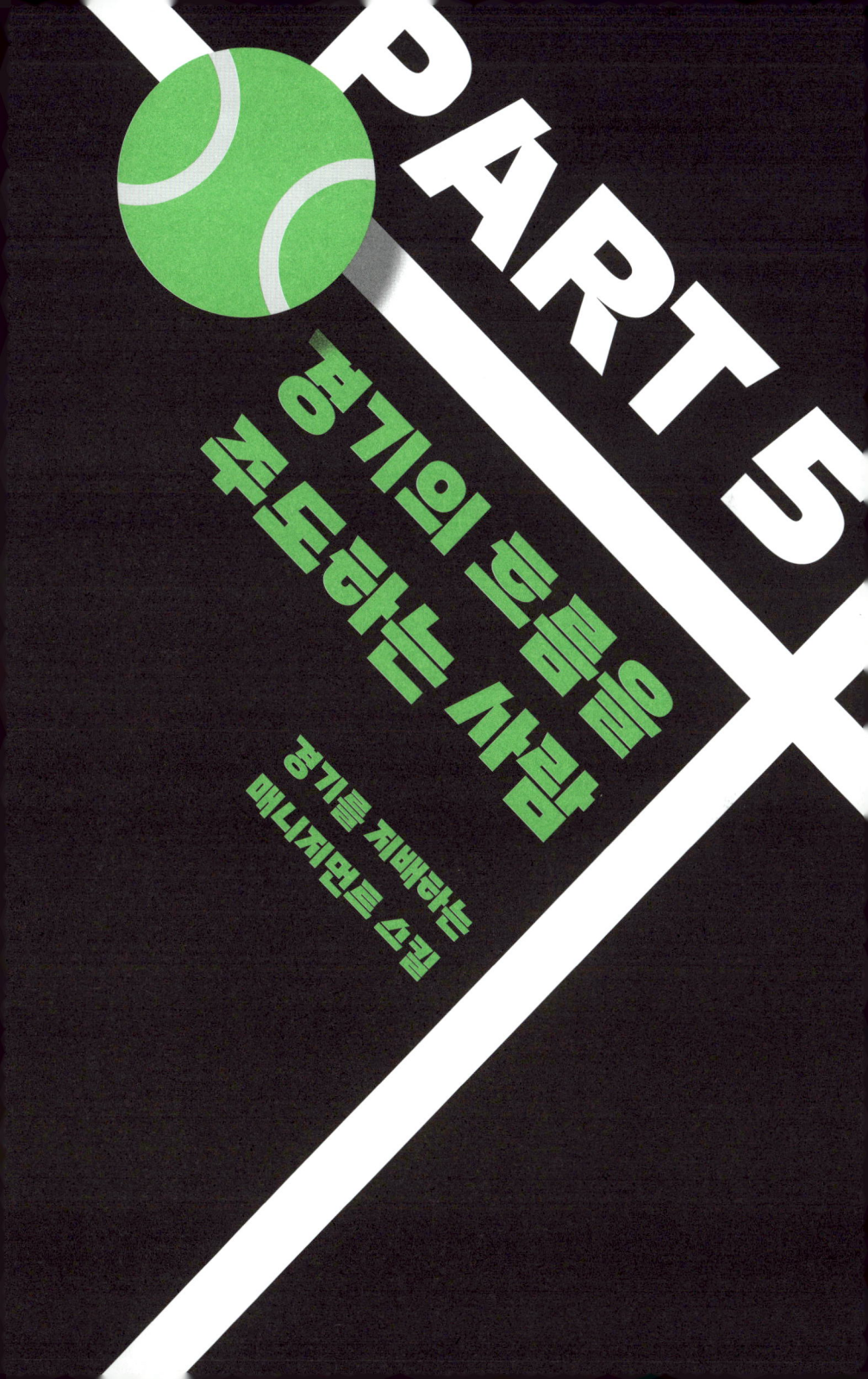

PART 5

결정 장애에 주단하는 사람

결정을 지배하는 매니지먼트 기술

Week 38 네트 앞은 전쟁터, 싸움엔 전략이 있어야지!

"테니스는 네트를 사이에 둔 싸움이다.
네트는 단순한 경계선이 아니다.
상대와 나 사이에 벌어지는 모든 전략과
심리전의 상징이자, 싸움의 무대다.
오직 시선, 움직임, 리듬, 전략으로 싸워야 한다.
누가 더 빨리 치느냐가 아니라, 누가 더 치밀하게
계획하고 움직이느냐가 이 승부의 핵심이다."

"포칭을 하고 싶어서 열심히 들어갔는데, 계속 당해요."
"햇빛이 너무 강해서 공이 잘 안 보이는데, 상대가 계속 로브를
 올려서 망했어요."
"파트너랑 겹쳐서 빈 곳에 맞았어요."

이런 경우 대부분은 "타이밍이 나빴다" "내가 잘못 들어갔다"

정도로 정리하고 넘긴다. 하지만 진짜 중요한 건 그게 아니다. 싸움에 들어가기 전에, 어떤 전략을 갖고 있었느냐가 먼저다.

'이번 서브는 어디로 넣을까?' '상대는 어떤 리턴을 할까?' '그 리턴에 맞춰 파트너는 어떻게 반응할까?' '그러면 나는 어디로 움직여야 할까?' 이런 질문을 매 포인트 던질 수 있어야 한다.

답이 명확하지 않더라도, 질문이 있는 사람만이 경기를 설계할 수 있다. 테니스는 단순히 대응하는 스포츠가 아니라, 장기처럼 수를 헤아리는 스포츠다. 하나의 선택이 다음 두세 수를 바꾸고, 그 수들이 모여 흐름을 바꾼다.

포칭을 시도할까 말까 고민될 때, 그 결정은 당장의 '느낌'이 아니라 전 포인트의 구도, 상대의 리듬, 파트너의 위치, 점수와 같은 상황을 읽고 판단하는 선택이어야 한다. 무계획의 포칭은 돌진이고, 작전 없는 네트 진입은 자살 행위다. 전략 없는 복식은 도박이나 다름없다. 우연히 따는 점수가 아니라, 기획된 하나의 수로 만들어 내는 포인트를 준비하자.

센터 윈도를 장악하라

복식의 승패는 전략과 포지셔닝에 달려 있다. 전략은 상대를 어떻게 무너뜨릴지 설계하는 것이고, 포지셔닝은 그 전략을 실행하기 위해 정확한 자리에 서는 것이다. 그중에서도 '센터 윈도

center window(상대 코트 정중앙을 가상의 '창문'처럼 설정해 놓고, 공을 그 창문을 통해 보낸다는 이미지 트레이닝 개념)'는 복식에서 가장 중요한 구역이다. '센터 윈도'는 복식에서 가장 많은 공이 오가는 곳으로, 상대의 공격 루트를 끊고, 흐름을 바꾸는 가장 전략적인 지점이다. 파트너와 호흡을 맞춰 센터 윈도를 지켜라. 전략 없는 복식은 그냥 운에 맡기는 도박이다.

하지만 단순히 자리를 차지한다고 이기는 게 아니다. 빈틈을 읽고, 타이밍을 잡고, 정확히 파고드는 자가 이긴다.

센터는 흐름이다. 이 흐름을 먼저 가로채는 사람이 **리듬을 잡고, 상대를 흔든다.** 센터를 내 공간처럼 활용해야 경기를 주도할 수 있다. 허공을 향한 포칭은 이제 그만! 센터에 꽂히는 칼날 같은 한 방을 준비하라.

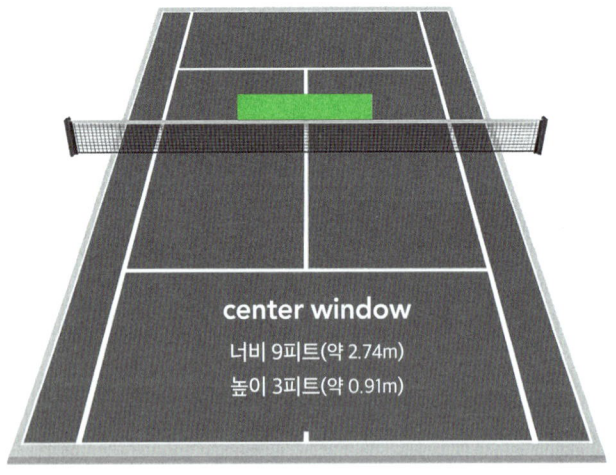

center window
너비 9피트(약 2.74m)
높이 3피트(약 0.91m)

==서브 팀은 '센터 윈도'를 지켜라!== 강력한 서브로 공격했다면, 찬스가 온 것이다. 리턴 볼을 중앙, 센터 윈도로 모아라. 왜 하필 센터인가? 각이 나질 않기 때문에 리턴 팀의 공격력은 떨어지고, 무리하게 각을 만들려고 하면 에러 확률이 높아진다.

그뿐만 아니라, 센터로 계속 보내면 상대편 두 명은 매번 같은 고민에 빠진다. '내가 받을까? 파트너가 받을까?' 이 0.1초의 망설임이 판단을 늦추고, 결국 실수를 만든다. 둘이 동시에 움직이다 동선이 겹치거나, 서로 미루다가 놓치는 일이 생기는 것이다. 센터는 단순한 공간이 아니라, 심리전의 무대다.

==리턴 팀이라면, 좌우로 흔들고 빈틈을 만들어라.== 초반부터 상대의 포지션을 흔들어야 한다. 첫 리턴은 과감하게 사이드라인 근처, 구석을 겨냥하라. 그러면 상대편 두 명이 자연스럽게 그곳으로 몰리게 된다. 그런 뒤 다음 공은 즉시 반대쪽으로 보내라. 상대는 다시 반대편으로 뛰어가야 하고, 그 과정에서 중심이 흐트러진다. 이렇게 좌우로 몇 번만 흔들어도, 상대 포지션 사이에는 틈이 생긴다. 중앙 통로가 살짝 열리는 순간, 그 틈을 정확히 찔러 넣는 것이다.

복식은 '대각선' 싸움이다

복식 경기를 할 때, 많은 사람이 중앙 기준으로 코트를 반씩 나누고는 "난 듀스 코트를 맡을게" "그럼 난 에드 코트" 이렇게 편 가르듯이 코트를 나눈다. 겉보기엔 합리적이지만, 이 방식은 중요한 순간에 구멍을 만든다. 특히 네트 앞 싸움에서는 더더욱 그렇다.

단순한 '좌우 분담'이 아니라 '대각선'으로 분담해야 한다. 공의 흐름에 따라 포지션이 '앞뒤'로도, '사선'으로도 계속 바뀐다. 대각선을 기준으로 전위는 짧은 공과 네트 플레이를 커버하고, 후위는 깊은 공과 로브를 커버한다. 이 구조가 스태거드 포메이션 staggered formation이다. 한 명은 네트에 가깝게, 다른 한 명은 뒤쪽에서 코트를 커버하는 '앞뒤로 벌린 형태'의 이 구조가 바로 복식의 기본 포메이션이다.

공이 네트 앞에 짧게 떨어지는 순간, 전위는 오른쪽이든 왼쪽이든 사선 방향으로 먼저 뛰어들어야 한다. 그와 동시에 후위는 반대쪽 공간을 커버하며 스위칭을 준비해야 한다.

반대로 공이 전위 머리 위로 넘어가면, 후위가 재빠르게 뒷공간을 커버하고, 전위는 그냥 서 있지 말고 후위가 빠진 쪽을 감싸며 위치를 바꿔야 한다.

복식은 고정된 자리를 지키는 경기가 아니다. 공의 흐름에 따라, 그리고 파트너의 움직임에 따라 자리가 계속 바뀌어야 한다. '내 자리는 여기야'라는 고정 관념을 버리고, 파트너와 고무줄로 연결된 것처럼 유기적으로 움직여야 한다. 파트너가 뒤로 물러나

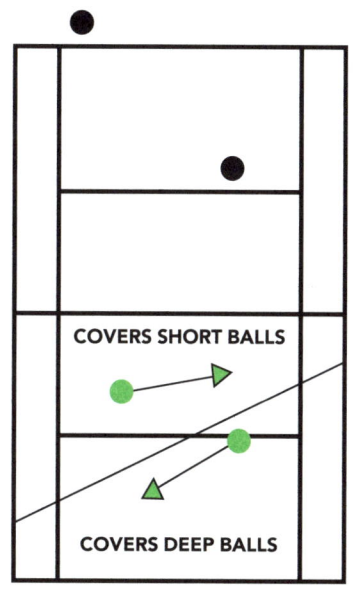

STAGGERED FORMATION

1. 초록색 점(플레이어의 위치)

- 한 플레이어는 네트 근처(초록색 점), 다른 플레이어는 코트 뒤쪽에 위치

2. 검은색 원(상대의 위치)

3. 사선(코트 분할)

- 코트를 대각선으로 나누는 선은 두 파트너가 담당해야 하는 공간을 보여 줌
- 대각선 표시선은 각 선수가 맡은 구역을 명확히 하여 커버리지를 최적화
- 공이 네트에 짧게 떨어진 경우 에드 코트에 있는 전위가 오른쪽으로 뛰어 와서 짧은 공 처리 → 스위치
- 공이 전위 플레이어의 위로 넘어가는 경우 뒤쪽에 있는 플레이어가 뒤로 뛰어서 처리 → 스위치

면 나는 중앙을 감싸고, 파트너가 오른쪽으로 치우치면 나는 왼쪽을 채운다.

파트너와 한 몸처럼 움직여라. 서로가 연결되어 있다는 걸 느끼며 함께 움직일 때, 비로소 진짜 복식이 시작된다.

상황별 서브 전략

서브 하나에도 전략이 있다. 그냥 넣는 서브와 설계된 서브는 결과가 다르다. 점수 상황에 따라 코스를 달리해야 경기를 주도할 수 있다.

점수가 동점일 땐 와이드 서브로 각을 넓혀라. 0대 0이나 15대 15처럼 균형 잡힌 상황에서는 상대가 긴장을 덜 하고 반응이 빠르다. 이때는 와이드로 코트를 넓히며 흔들어야 한다. 각을 넓히면 다음 샷에서 더 유리한 흐름을 만들 수 있다.

지고 있다면 바디 서브로 공략해 보자. 지고 있을 때는 상대가 자신감이 올라가 있기 때문에 각을 빼 주는 것보다는 몸쪽으로 붙여서 리턴을 불편하게 만들어야 한다. 바디 서브 body serve(서브를 상대의 몸쪽으로 직접 보내는 서브 기술)는 상대의 리듬을 끊고, 단조로운 리턴을 유도해 흐름을 끊는 데 탁월하다.

크게 앞서고 있다면 T존 서브로 압박하라. 리드 중일 때는 과감한 선택이 흐름을 확정 짓는다. 선으로 파고드는 T존 서브^{Tzone} ^{serve}(서브 박스의 중앙, 즉 T자 모양이 만나는 지점을 노리는 서브)는 성공 시 결정력이 크고, 상대에게 강한 심리적 압박을 준다.

하지만, 아직 모든 코스를 자유롭게 구사할 자신이 없다면, 전략에 얽매일 필요는 없다. 상황별 서브 전략은 경기를 주도하기 위한 가이드일 뿐, 실력이 충분히 따라주지 않으면 오히려 부담이 될 수 있다. 기본 가이드를 참고하되, 지금 내 수준에서 가장 편안하게 넣을 수 있는 서브를 우선 시도해 보자.

전략은 머리로 외우는 게 아니라, 몸으로 익히는 거다. '왜 동점일 땐 와이드지?' '지고 있을 땐 왜 바디지?' 이런 질문을 스스로 던지고, 연습에서 계속 써 보자. 전략은 머리로 하는 공부가 아니라, 반복과 훈련을 통해서 몸으로 새겨야 한다.

그리고 무엇보다 중요한 건, **이 전략을 파트너와 함께 나누는 일**이다. 내가 어떤 서브를 넣을지 파트너가 알고 있어야, 그 리턴에 어떻게 대응할지까지 계획할 수 있다.

복식은 '둘이 함께 싸우는 경기'다. 하나의 서브도, 하나의 리턴도, 같은 전략 위에서 움직여야 진짜 팀이 된다.

전략엔 끝이 없다. 경우의 수는 매 경기 달라진다. 그래서 모든 전략을 외우는 것보다 더 중요한 건, 파트너와 함께 그 순간의 해답을 만들어 가는 감각이다. 테니스에서 전략은 선택이 아니라 필수다. 특히 복식은 두 명이 같은 전략으로 움직이지 않으면, 실력보다 실수가 먼저 드러난다. 대단한 기술보다 중요한 건, 작전을 나누는 시간이다. 말 한마디, 시선 한 번, 움직임 하나로도 통하는 팀, 그게 이기는 팀이다.

This Week's Action Mission

**"복식은 팀플!
파트너와 전략을 짜고 실행해 보기"**

- 경기에서 파트너와 작전을 협의하고 적용해 보자.
- 상황별 서브 전략을 시도해 보자.
- 서브, 리턴 각각의 입장에서 센터 윈도 전략을 실행해 보자.
- 공의 방향에 따라 대각선 기준으로 위치를 바꾸며 커버해 보자.
- 경기가 끝난 후, 파트너와 전략적으로 호흡이 잘 맞았던 순간을 복기해 보자.

Week 39 상대를 흔들고 생각하게 만들어라

"상대가 예상하는 대로 치면 당한다.
상대가 편안해지면 결국 내가 무너진다.
진짜 고수는 공을 세게 치는 사람이 아니라,
상대를 헷갈리게 만드는 사람이다. 리듬을 깨고,
패턴을 부수고, 생각할 틈조차 주지 마라.
흔들 수 있는 자만이 흐름을 잡는다."

테니스는 단순히 공을 주고받는 운동이 아니다. 네트를 사이에 두고 벌이는 심리전과 수 싸움이다. 몸이 부딪히지 않기 때문에 더욱 치열한 멘털 싸움을 겪어야 한다. 네트를 넘어 상대에게 닿을 수 있는 유일한 무기는 바로 '심리'다. 누가 더 먼저 흔들고, 누가 더 빨리 회복하느냐. 그게 결국 승부를 가른다.

공의 스피드나 스핀보다 더 강력한 무기는 '상대를 예측 불가능하게 만드는 것'이다. 때로는 "물어뜯어라"라고 말할 만큼 적극적으로 심리전을 걸어야 한다. 상대가 강해 보인다고 두려워만 하고 있으면 결국 끌려다닐 수밖에 없다. 테니스는 단순한 기술 싸움이 아니다. 체스처럼 수 싸움을 연습해야 한다.

'내가 여기로 치면, 상대는 저쪽으로 움직이겠지. 그럼 그 순간, 어디로 보내지?'

이런 시뮬레이션을 머릿속에서 끊임없이 돌리는 것, 그게 심리전의 시작이다.

상대를 읽고, 흔들고, 생각하게 만들어라

'상대를 먼저 읽고, 먼저 흐트러뜨린 사람'이 이긴다. 상대를 읽기 위해선 단순한 관찰이 아니라, 의도를 읽는 시야가 필요하다. 서브 방향은 일정한지, 포핸드를 선호하는지, 크로스로만 보내는지, 백핸드는 불안한지. 이런 정보는 경기 초반 몇 포인트만 집중해도 충분히 파악할 수 있다. 경기 초반에 이런 단서들을 포착하고, 나의 선택을 의도적으로 설계해 두면 경기의 흐름을 훨씬 빠르게 내 편으로 끌어올 수 있다. 경기의 주도권은 '잘 치는 쪽'이 아니라 '먼저 흐름을 읽는 쪽'이 갖게 된다. 그리고 흐름을 잘 읽으려면 시야를 넓혀야 한다.

운전할 때 앞차만 보고 가면 사고가 난다. 테니스도 마찬가지다. 내 공에만 집중하느라 상대의 움직임을 놓치면, 상대의 다음 선택을 예측할 수 없다. 상대가 지금 어떤 자세인지, 어디로 움직이고 있는지, 로브를 칠지, 패싱 샷$^{passing\ shot}$(네트 근처에 있는 상대를 피해 사이드로 공을 보내는 스트로크)을 노릴지 그 모든 판단은 '시야'를 넓히는 데서 시작된다.

운전할 때 사거리 전체를 보듯, 테니스도 상대의 전체 선택지를 읽는 눈이 필요하다. 예를 들어 많은 사람이 네트로 들어가는 상황만 생각하고 돌진한다. 하지만 상대가 로브를 올릴 것 같다면 멈춰야 하고, 패싱 샷을 노릴 것 같다면 각도를 좁혀야 한다. 내 계획만 고집하면 당한다. 상대가 어떤 수를 준비하고 있는지를 먼저 읽는 사람이 흐름을 가져간다. 그리고 그 시야는 훈련으로 얼마든지 기를 수 있다.

상대를 파악했으면 이제 본격적으로 흔들 차례다. 같은 상황, 같은 선택은 읽히기 쉽다. 하지만 익숙한 흐름을 일부러 비틀고, 리듬을 끊고, 다르게 움직인다면? 상대의 판단은 꼬이고 망설이게 된다. 예를 들어 강하게 칠 것처럼 스윙 포즈를 취했다가 드롭 샷을 놓는다든지, 듀스 코트$^{deuce\ court}$(서브할 때 기준이 되는 오른쪽 코트)에서 플랫 서브$^{flat\ serve}$(공에 회전을 거의 주지 않고, 직선에 가깝게 빠르고 강하게 넣는 서브)로 공격적인 리듬을 준 뒤, 다음 포인트에선 슬라이스로 느리게 흔들고, 그다음엔 킥 서브 kick serve (강한 톱스핀(윗회전)을 걸어 공이 높게 튀어 오르게 만드는 서브)로 혼란을 주는 식이다. 같은 상황, 전혀 다른 선택. 그게 바로 상대의 리듬을 깨고 흐름을 흔드는 방식이다.

상대가 플랫에 적응했을 때 슬라이스, 슬라이스에 익숙해졌을 때 킥 서브. 이렇게 계속 다른 공이 오면 상대는 머릿속 계산이 꼬이기 시작한다. '쟤는 왜 이렇게 하지?' '왜 또 바꿨지?' '이번엔 뭐지?' 이런 질문이 많아지는 순간, 반응은 느려지고 판단은 흔들린다.

상대가 반응을 멈추고 생각하기 시작하면, 흐름은 내 쪽으로 넘어온다. 상대의 망설임은 곧 기회다. 그래서 심리전의 마무리는 늘 포커페이스로 완성된다. 실수에도 무표정, 긴장 속에도 여유, 힌트를 주지 않는 사람이 흐름을 잡는다.

흔들려도 들키면 안 된다. 속이 타들어 가도 눈빛은 그대로! 내 표정 하나로 흐름이 바뀐다. 경기 중의 몸짓과 눈빛은, 기술보다 더 강한 메시지를 전달한다. 감정이 드러나는 순간, 흐름은 흔들린다. 그러니 심리전을 설계하는 자라면, 표정까지도 전략적으로 써야 한다.

상황별 심리전 활용법

1. 듀스 상황

긴장한 상대를 더 흔들어야 한다. 서로가 이 포인트의 무게를 알고 있다. 상대의 약점을 노려라. 이미 긴장한 상태에서 불편한 공이 오면 실수할 확률이 높다. 그리고 이럴 때일수록 패턴을 깨야 한다. 늘 넣던 서브 코스를 살짝 바꾸고, 루틴을 한 박자 늦춰보자. 조급한 상대는 먼저 무너진다. 내가 여유 있게 움직일수록 상대는 더 불편해진다.

2. 매치 포인트나 세트 포인트

흔들리고 있는 상대를 조용히 압박하라. 이럴 땐 심리전을 걸 필요조차 없다. 상대는 이미 실수하면 끝이라는 생각으로 자신을 옥죄고 있다. 그럴수록 더 단단해 보여야 한다. 긴장돼도 들키지 마라. 여유 있게 움직이고, 과장된 리액션 없이 딱 한 템포씩 늦추면, 상대는 스스로 무너진다.

3. 지고 있는 상황

역심리로 판을 뒤집어야 한다. 흐름을 잃었을 때, 상대는 오히려 느슨해져 있다. 그 순간 '흔들리고 있다'라는 메시지를 지워라. 표정을 감추고, 루틴을 지키고, 갑작스럽게 패턴을 바꿔라. 슬라이스 하나, 로브 하나로 분위기를 바꾸면 상대는 '갑자기 왜 저러지?' 하며 리듬을 놓친다. 흐름을 빼앗겼을 때 필요한 건 반격이 아니라 질문이다. '쟤 왜 저래?'를 끌어내면, 다시 내 차례가 시작된다.

4. 복식

복식에서는 상대의 파트너십을 깨뜨리는 게 핵심이다. 복식은 두 명이 하나처럼 움직일 때 강력한 힘을 발휘한다. 하지만 그 둘 중 하나라도 흔들리기 시작하면 금세 균열이 생긴다. 의도적으로 한 사람만 집중 공략해 보자. 백핸드가 불안한 쪽, 자꾸 실수하는 쪽, 갑자기 말이 줄어든 쪽을 공략하자. 한 사람이 무너지면, 나머지 한 사람도 반드시 무너진다.

수준별 심리전 활용법

초급자가 상급자의 미세한 심리전을 억지로 따라 하다 보면 오히려 먼저 흔들리기도 한다. 그래서 중요한 건 내 수준에 맞는 심리전부터 시작하는 것이다. 지금 내 위치에서 할 수 있는 변화부터 하나씩 쌓아 올리는 것이 훨씬 더 확실하다.

초급자라면 먼저 패턴을 깨는 것부터 시작해 보자. 처음 테니스를 시작하면 자신도 모르게 익숙한 무기로만 공을 친다. 예를 들어 백핸드가 불안하면 포핸드로만 치는 식이다. 하지만 그렇게 되면 상대는 금세 눈치챈다. '쟤는 백핸드가 약하구나' 그 순간 흐름은 상대에게 넘어간다. 의도적으로 불편한 선택도 가끔 해 봐야 한다. 백핸드로 크로스를 보낼 수도 있고, 다운 더 라인도 시도해 봐야 한다. 완벽하지 않아도 상관없다. 상대가 '쟤는 뭘 할지 모르겠네' 하고 생각하게 만드는 것이 첫 번째 목표다.

중급자부터는 구질 변화를 적극 활용해야 한다. 기본기가 어느 정도 갖춰진 중급자라면, 공 하나하나에 의도를 담는 연습이 필요하다. 같은 서브라도 플랫, 슬라이스, 킥을 섞어 보자. 루틴도 매번 똑같이 하지 말고 템포를 조절해 보는 거다. 포지셔닝도 좋은 심리전 도구다. 네트에 붙었다가 뒤로 빠지고, 센터를 지키다가 사이드로 이동하고, 그렇게 위치를 바꿔 가며 상대가 예측하지 못하게 만들어 상대에게 읽히지 않는 플레이어가 되어야 한다.

상급자는 흔드는 것을 넘어 설계해야 한다. 페이크 루틴, 흐름 끊기, 타깃 공략, 그리고 무엇보다도 계산된 침묵과 움직임까지 설계하라. 상대의 루틴을 무너뜨릴 타이밍을 고르고, 중요한 포인트에서 일부러 루틴을 늘려 상대의 긴장을 끌어올리는 것도 하나의 전략이다. 반대로, 리듬을 빠르게 가져가 상대에게 준비할 틈을 주지 않을 수도 있다. 여기서는 표정 하나, 시선 하나, 심지어 포인트 사이의 시간까지 모두 흐름을 흔드는 무기가 된다.

선을 넘지 않는 심리전으로, 품격 있게!

심리전은 상대를 흔드는 것이다. 하지만 '상대를 무너뜨리는 방식'은 품격 있는 전략이어야 한다. 심리전을 한다고 해서 의도적으로 시간을 끌거나, 소리를 지르거나, 상대가 불쾌할 만한 행동을 하는 건 전혀 다른 차원의 문제다. 그건 전략이 아니라 예의 없는 플레이다.

우리가 말하는 심리전은 상대가 스스로 계산하게 만들고, 그 과정에서 흔들리게 하는 것이다. 상대가 '왜 이렇게 하지?' 하고 멈칫하게 만든다면 이미 성공이다. 하지만 그게 짜증이나 분노로 이어진다면, 그건 경기를 더럽히는 것이다.

심리전은 머리로 설계해 전략전으로 가야지, 상대의 감정을 긁는 방식으로 가면 안 된다. 경기 안에서 주도권을 쥐되, 상대에 대한 존중을 잃지 마라. 여유 있고, 단단한 태도로 흐름을 흔드는 것, 그게 진짜 고수의 방식이다.

This Week's Action Mission

"흔들기의 기술, 패턴을 깨고, 상대를 생각하게 만들기"

- 상대 경기의 패턴을 분석해서, 그에 맞는 전략을 세워 보자.
- 평소와 다른 서브 루틴 또는 템포의 변화를 적용해 상대를 흔들어 보자.
- 강한 샷 이후 드롭 샷, 빠른 플레이 이후 느린 전개를 조합해 보자.
- '상대가 고민하게 만든 순간'을 체크해 보자.
- 긴장된 상황에서 감정을 들키지 않고 포커페이스를 유지하자.
- 밀리는 흐름 속에서, 작게라도 분위기를 바꾸려는 시도를 해 보자.

Week 40 흐름을 다스리는 자가 결국 승리를 잡는다

"흐름을 읽는 자가 이긴다. 체력도, 점수도, 감정도 결국 흐름이다.
그 흐름을 먼저 읽고 움직여라. 흔들림 속에서도 흐름을 지키는 자가 결국 이긴다."

"1대 10이었는데, 정신 차려 보니 1대 6으로 순식간에 경기가 끝나 버렸어요."

경기하다 보면 그런 순간이 반드시 온다. 열심히 치는 데도 점수는 점점 벌어지고, 작은 실수 하나에 전체 리듬이 꼬인다. 페이스는 흔들리고, 감정은 들뜨고, 어느새 경기는 내 손을 떠난다. 그래서 고수는 흐름을 먼저 챙긴다. 점수를 인식하고, 감정을 조절하고, 체력을 배분하고, 리듬을 스스로 조정할 줄 안다. 흐름을 다스릴 수 있어야 경기를 끝까지 내 흐름으로 끌고 갈 수 있다.

마라톤처럼 경기를 운영하라

경기 운영은 마라톤처럼 플랜이 있어야 한다. 마라톤을 뛰어 본 사람은 알 것이다. 10km를 뛰어도 플랜이 있다. 초반과 중반, 마지막으로 나눠 체력을 분배한다. 처음부터 전속력으로 달리면 결승선에 도달하기도 전에 체력이 바닥난다. 그래서 초반에는 페이스를 조절하고, 중간에는 리듬을 유지하며, 마지막에 남은 힘을 모아 스퍼트를 한다.

테니스 경기도 마찬가지다. 서브를 넣거나 스트로크할 때, 처음부터 강한 힘으로 모든 샷을 치면 에너지가 금세 고갈된다. 경기가 길어질수록 집중력과 체력은 빠르게 떨어지고, 중요한 순간에 자신이 의도한 대로 움직일 수 없게 된다.

자동차를 생각해 보면 쉽다. 시동을 켜자마자 곧바로 엔진을 최고 회전수로 돌리고, 가속 페달을 끝까지 밟으면 차는 오래 가지 못하고 금세 망가진다. 출발할 때 천천히 속도를 올리고, 필요할 때 멈추고 다시 달리는 과정을 반복해야 목적지에 무사히 도착할 수 있다.

테니스도 처음부터 100%의 힘으로 서브나 스트로크를 하려 하기보다, 50%에서 60%, 70%까지 서서히 끌어올리면서 경기의 흐름에 맞춰 몸의 감각을 경기에 적응시키는 과정이 필요하다. 그리고 반드시 잡아야 하는 순간에 비로소 내가 가진 힘과 집중력을 100%로 올려야 한다. 이 단계적인 운용이 없으면, 첫 서브부터 과도하게 힘을 쓰고, 첫 랠리에서 모든 에너지를 쏟아부어 흐름을 잡기도 전에 무너진다

경기를 운영할 때는 내 '연료 탱크'가 얼마나 남았는지를 늘 점검해야 한다. ==테니스는 단 몇 포인트로 끝나는 싸움이 아니다. 마라톤처럼 끝까지 견뎌야 하는 싸움이다.== 초반부터 모든 에너지를 써 버리면 중요한 순간을 버텨 낼 수 없다. 흐름을 읽고, 에너지를 배분하고, 마지막 스퍼트를 남겨 둬야 진짜 승부에서 살아남는다.

그리고 잊지 마라. 그 흐름 안엔 '지겨운 싸움'도 있다. 계속 로브만 올리는 상대, 경기는 내내 지루하고 답답하기만 하다. 하지만 테니스는 그런 흐름을 끝까지 견디는 자가 이기는 운동이다. 화려하게 치는 것보다, 단조로운 랠리를 참아 내는 힘, 그 지루함을 버텨 낼 수 있어야 흐름을 잡는다.

점수를 모른다는 건, 흐름을 잃었다는 신호다

"몇 대 몇이야?"

경기 중에 이 말을 반복한다면, 이미 흐름에서 밀리고 있다는 뜻이다. 단지 기억력이 나빠서가 아니다. 그건 지금 내 머릿속이 너무 바쁘고, 여유가 없다는 신호다. 테니스는 단순한 기술 싸움이 아니다. 점수를 읽고, 흐름을 읽고, 에너지를 배분하는 경기다. 지금 몇 대 몇인지, 앞서고 있는지 뒤처지고 있는지 모른다면 전략도 흐트러지고 집중할 타이밍도 놓친다.

"점수 생각하면 더 긴장돼요"라는 말도 많이 듣는다. 하지만 그건 잘못된 생각이다.

긴장을 줄이려면 점수를 잊는 것이 아니라, 인식해야 경기의 흐름을 주도할 수 있다. '지금'의 상황을 읽고, 그것에 맞게 마음을 세팅하는 것이 진짜 집중이다. 그래서 'USPTA(미국 테니스 프로 협회) 인증 코치'들은 멀티태스킹 훈련을 시킨다. 공을 치면서 숫자를 세고, 문제를 풀고, 색깔을 구분하고, 계속 움직이며 판단하게 만든다. 머리와 몸이 동시에 움직이는 훈련을 통해, 경기 중에도 흐름을 읽고 유지하는 능력을 기르는 것이다.

특히 4대 4 동점처럼 팽팽한 상황에서는 그 차이가 극명하게 드러난다. 누군가는 주눅이 들고, 누군가는 더 몰아붙인다. 이 작은 차이가 결국 승패를 가른다. 듀스^{deuce}(경기 스코어가 40대 40으로 동점일 때의 상황)나 노에드$^{no\text{-}ad}$(듀스(40대 40) 이후, 단 한 포인트로 승부를 결정하는 방식) 상황에서 더블 폴트는 절대 해선 안 된다.

그 순간을 의식하고, 흐름을 가져오는 사람이 이긴다. 점수를 기억하지 못하는 건 실력의 문제다. 흐름을 읽지 못하면, 절대 경기에서 이길 수 없다. 점수에 눌려 흐름을 잃느냐, 아니면 그 순간에도 내 페이스를 지키며 경기를 주도하느냐가 실력을 가르는 기준이 된다. 어떤 상황에서도 '지금 이 경기를 내가 컨트롤하고 있다'라는 태도를 끝까지 놓지 않아야 한다.

서로를 케어하며 함께 흐름을 만들어 가라

복식은 단순히 두 명이 함께 치는 경기가 아니다. 서로의 리듬과 감정, 에너지까지 함께 맞춰야 하는 싸움이다. 내가 잘한다고 해결되는 것도 아니고, 내가 못한다고 망하는 것도 아니다.

가장 먼저 해야 할 일은 파트너의 컨디션을 읽는 것이다. 오늘따라 파트너의 스트로크가 무겁고 텐션이 떨어진다면 내가 한 발 더 뛰고, 한 발 더 커버하면 된다. 반대로 파트너가 잘 풀리고 있다면, 내 에너지를 조절해서 흐름을 살려 줘야 한다. 중요한 건 '내가 얼마나 잘하냐'가 아니라, '우리가 흐름을 얼마나 잘 만들어가냐'이다.

"그날은 저도, 제 파트너도 스트로크가 너무 잘 안됐어요. 그래서 서로 '이가 없으면 잇몸으로 해 보자' 하고 로브 작전으로 바꿨거든요. 그래서 결국 이겼어요."

두 사람 모두 잘 안되는 날도 있다. 그럴 땐 전략을 바꿔라. 공이 길면 로브로, 타이밍이 안 맞으면 수비로, 상황에 맞춰 유연하게 흐름을 바꾸는 게 복식의 핵심이다.

==복식에선 '누가 잘 치는가'보다 '어떤 태도로 함께하는가'가 더 중요하다.== 표정 하나, 말투 하나가 팀워크를 살리기도 하고 무너뜨리기도 한다. 조용히 리듬을 맞춰 주는 게 필요한 파트너도 있고, 에너지를 끌어올려 주는 '함성'이 더 힘이 되는 파트너도 있다. 중요한 건, 내 방식을 고집하지 않고, 대화로 둘만의 호흡을 함께 만들어가는 것이다.

혼자가 아니라, '둘이서 하나'로 움직일 때 복식의 진짜 힘이 발휘된다.

집중력을 리셋하라

경기하다 보면 집중력이 흐트러지는 순간이 온다. 생각은 많아지고, 몸은 느려지고, 어느새 멍하니 공만 바라보게 된다. 더 큰 문제는, 정작 본인은 그걸 잘 모른다는 것이다.

집중력 저하는 갑자기 오지 않는다. 체력이 떨어졌거나, 실수로 자신감이 흔들렸거나, 경기 외적인 생각이 끼어들기 시작했을 때 조용히 스며든다. 몸은 코트에 있지만, 마음은 이미 다른 곳에 가 있는 것이다. 그래서 집중력은 정신력이 아니라 '인지력'의 문제다. 흐트러진 나를 먼저 알아차리는 감각, 그리고 다시 중심을 잡을 수 있는 루틴이 필요하다. 신체 일부에 자극을 주거나 숨을 고르거나, 짧은 셀프 토크처럼 몸과 마음에 신호를 주는 스위치가 있어야 한다.

집중이 흐트러졌을 땐, 억지로 복잡한 생각을 밀어내려 하지 마라. 오히려 단 하나의 생각에만 주목하라. 예를 들어 '지금 점수는?'과 같이 아주 단순한 것에 집중하라. 현재의 순간으로 돌아오는 것, 그것이 회복의 시작이다.

복식에서는 내가 먼저 파트너의 흐름을 눈치챌 수도 있다. 그럴 때는 "왜 그래?"가 아니라, "하나씩 가 보자"처럼 간단한 한마디가 다시 흐름을 잡는 전환점이 된다.

흐름은 기다리는 것이 아니라, 만들어 가는 것이다. 경기를 운영하라. 흐름을 설계하라. 결국, 흐름을 다스리는 자가 마지막에 웃는다. 이제, 당신만의 흐름을 만들어라.

This Week's Action Mission

"경기의 흐름 설계하기"

- 체력, 점수, 파트너, 감정의 흐름을 스스로 설계할 수 있도록 루틴을 만들어 보자.
- 경기 중, 점수가 몇 대 몇인지, 어떻게 점수를 얻었는지 정확하게 기억하자.
- 지루한 랠리나 로브 전에서도 끝까지 인내하며 흐름을 지키자.
- 복식에서 파트너의 컨디션을 읽고, 상황에 맞게 역할을 조정해 보자.
- 집중력이 흐트러질 때 나만의 리셋 루틴(허벅지 치기, 심호흡 등)을 실행하자.
- 파트너가 흔들릴 때, 그 감정을 읽고 대응하자.

Week 41 이기는 팀은 대화가 끊이지 않는다

"복식은 두 명이 하나가 되는 경기다.
그 하나를 만드는 건 기술이 아니라 소통이다.
작은 손짓, 짧은 한마디가 흐름을 바꾸고
승부를 가른다. 대화가 오가면 두려움이 줄고,
용기가 생긴다. 이기는 팀은 말이 끊이지 않는다."

"파트너와 정말 잘 맞는 것 같았는데, 이상하게 중요한 순간에 엇박자가 났어요."

연습에선 완벽하다고 생각했는데, 실전에서는 서로 같은 공을 쫓거나, 오픈 코트 open court (상대 선수가 커버하지 못한 공간)를 만들어서 포인트를 내주는 일이 생긴다. 실력이 부족해서가 아니다. 소통이 부족해서다. 복식은 두 명이 하나의 팀이 되어 움직이는 전략적 경기이다. 그리고 그 '하나'를 만드는 건 기술이 아니라 대화다.

많은 사람이 파트너에게 부담을 주지 않으려고 말을 아낀다. 하지만 아무 말도 하지 않는 배려는, 사실 무책임한 방관일 수 있다. 복식은 함께 싸우는 경기다. ==진정한 배려는 말 없이 조용히 있는 게 아니라, 같이 풀어 가는 대화를 시도하는 것이다.==

침묵하는 팀은 반드시 무너진다

'말 안 해도 알아서 잘할 줄 알았는데…' 이런 생각이 가장 위험하다.

아무리 오래 함께 쳐 본 파트너라도, 말하지 않으면 모른다. 특히 경기 상황에서는 더욱 그렇다. 연습 때와 달리 긴장하고, 압박받고, 예상과 다른 상황이 계속 벌어진다. 평소엔 당연했던 것들이, 실전에서는 전혀 다르게 흘러간다.

"3대 1로 앞서고 있었는데, 갑자기 같은 공을 둘이 치려고 하다가 네트에 걸렸어요. 그때부터 뭔가 어긋난 것 같아요."

복식에서 일어나는 가장 흔한 실수다. 동시에 공을 쫓거나, 동시에 같은 공간을 비운다. 이런 일이 반복되면 개별 실력이 아무리 뛰어나도 팀으로서는 무력해진다.

반면 이기는 팀은 다르다. 경기 전부터 이미 대화가 시작된다. 상대를 분석하고 작전을 짠다. "저 팀은 백핸드 쪽이 약해 보이네" "턴 할 때 크로스로 많이 치는 것 같아, 우리가 먼저 네트로 붙어 보자" 이처럼 구체적인 대화가 경기 전에 이루어진다. 경기 중엔 "My" "You" 한마디로 서로의 움직임을 명확히 한다. 놓치는 공이 없다.

이렇게 준비된 팀과 그렇지 않은 팀의 차이는 경기 시작과 동시에 드러난다. 준비된 팀은 첫 경기부터 자신들의 패턴을 실행하지만, 준비가 부족한 팀은 시간을 허비하며 상대를 파악하느라 끌려다닌다. "잘해 보자"라는 의지만으로는 부족하다. "이렇게 해 보자"라는 구체적인 그림이 있어야 함께 움직일 수 있다.

경기 중에는 말과 몸짓이 모두 통해야 한다

경기가 시작되면 대화는 더욱 중요해진다. 상황은 계속 바뀌고, 처음 계획과 다른 일들이 벌어진다. 이때 필요한 건 즉석에서의 실시간 소통이다.

"지금 상대가 우리 백핸드 쪽만 계속 공략하고 있어."
"그럼 포지션을 조금 바꿔 보자."

"다음 리턴은 내가 정면으로 찔게, 네가 포칭 준비해."

이런 대화가 포인트 사이 자연스럽게 오가야 한다. <mark>전략적인 정보와 전술적 조정이 오가는 대화, 그게 진짜 소통이다.</mark> "파이팅!" "집중하자!"와 같은 의미 없는 구호는 필요 없다. 작전 없이 외치는 구호는, 침묵만큼 위험하다.

복식에서의 대화는 말로만 이뤄지지 않는다. 때로는 눈빛, 손짓, 몸짓 같은 비언어적 소통이 말보다 더 빠르고 정확하다. 서브 전 손가락 신호를 하거나 상대의 움직임을 보고 파트너에게 눈빛 신호를 주거나 포지션을 바꿀 때 작은 손짓으로 의도를 전달하는 것들이다. 단순하고 명확하게, 몇 개의 핵심 신호만 정해서 훈련 때부터 반복해서 익혀 두고 실전에 적용해 보자.

그리고 잊지 말아야 할 건 감정적 소통이다. 파트너가 실수했을 때는 "괜찮아, 다음에 가자", 좋은 샷을 했을 때는 하이파이브나 "좋았어!"와 같은 격려, 이런 감정적 지지가 경기 중 팀의 분위기를 좌우한다.

세트 사이나 체인지오버change-over(경기 도중 선수들이 코트를 바꾸는 시간) 때는 전략을 점검하고 수정할 중요한 시간이다. "상대 전위가 자꾸 움직여, 우리 서브 리듬이 읽힌 것 같아, 이번엔 슬라이스로 템포를 흔들어 보자"와 같은 실시간 분석과 전술 조정이 경기를 다시 우리 쪽으로 끌고 오는 힘이 된다.

공을 주우러 갈 때도 혼자 움직이지 마라. 그 몇 걸음을 파트너와 함께 걷는 순간, 단지 공을 줍는 시간이 아니라 다음 작전을 짜는 시간이 되고, 조용히 믿음을 쌓는 시간이 된다.

진짜 팀은 경기 후에도 대화한다

경기가 끝난 후의 대화도 중요하다. 이겼을 때는 무엇이 좋았는지, 졌을 때는 무엇이 아쉬웠는지를 솔직하게 나누는 시간이 필요하다.

"오늘 우리 서브 게임은 정말 좋았어. 특히 네가 포칭할 때 타이밍이 완벽했어."
"그런데 상대 서브 게임에서는 좀 아쉬웠지? 리턴이 너무 짧게 들어간 것 같아."

이런 피드백을 통해 다음 경기를 더 잘 준비할 수 있다. 단순히 "아, 아쉽다"로 끝내지 말고, 구체적으로 무엇이 좋았고 무엇이 부족했는지를 나누는 것이 팀을 성장시키는 대화다.

특히 졌을 때의 대화가 진짜 팀을 만든다. "그때 왜 그랬어?"라는 식으로 서로를 탓하지 말고, "다음에는 그런 상황에서 우리가 어떻게 할까?"를 고민하는 팀은 다음 경기에서 반드시 더 강해진다.

복식 테니스에서 소통은 선택 사항이 아니라 필수다. 아무리 개인 실력이 뛰어나도 소통이 안 되면 실력 발휘가 힘들다. 반대로 개인 실력이 조금 부족해도 소통이 잘 되면 강한 팀이 될 수 있다.

"저희는 개별적으로는 그렇게 잘 치는 편이 아니에요. 하지만 함께 치면 웬만한 팀은 이겨요. 서로 무엇을 생각하는지 알거든요."

이것이 진짜 팀의 힘이다. 기술이 뛰어난 개인들의 집합이 아니라, 생각을 나누고 움직임을 공유하는 팀이 결국 승리를 가져간다.

"말하지 않으면 모른다"

이 간단한 원칙을 기억하라. 생각, 계획, 불안, 의도 그 모든 것을 나눌 때, 비로소 두 사람이 하나가 된다.

이기는 팀은 대화가 끊이지 않는다. 경기 전에도, 경기 중에도, 경기 후에도 계속 소통한다. 그 소통을 통해 두 명이 하나가 되고, 하나가 된 팀이 결국 승리를 가져간다.

이제, 당신의 파트너와 진짜 대화를 시작하라.

This Week's Action Mission

"대화가 끊이지 않는 이기는 팀 전략"

- 경기 전, 파트너와 작전이나 약속을 협의하자.
- 경기 중, 전략 대화를 5회 이상 시도하자.

  ex "My" "You" 또는 손짓 등 명확한 사인

- 경기 후 파트너와 서로 피드백을 주고받자.

Week 42 스트로크에 목숨 걸지 마라

"복식에서 화려한 스트로크는 사치다.
긴 랠리를 이어 가며 상대를 지치게 만드는 것도
꿈같은 이야기다.
복식의 81%는 4구 안에 승부가 난다.
이 네 번의 터치 안에 모든 것이 결정된다."

"오늘 스트로크가 너무 잘 안되더라."
"포핸드 파워가 약해서 못 이기겠어."

경기를 마치면 이런 말을 자주 듣는다. 그런데, 정말 스트로크 때문에 진 걸까?

이런 흐름은 어쩌면 우리 테니스 레슨 문화의 자연스러운 결과일지도 모른다. 레슨은 대부분 하프 코트에서 스트로크 위주로 진행된다. 그러다 보니 풀 코트에서, 그것도 복식으로 경기를 할 때는 정작 배운 대로 치기 어렵다. 단식 연습으로 복식 경기를 준비하는 셈이다.

게다가 '테니스' 하면 먼저 떠오르는 건 늘 강한 포핸드, 멋진 백핸드다. '내가 직접 끝내고 싶다'라는 마음은 물론 이해가 된다. 스트로크는 늘 많이 연습하던 기술이다 보니, '내가 통제할 수 있다'라는 생각이 든다. 반면 네트 플레이는 상황에 따라 유동적이어서 어떤 이에겐 어렵고 낯설게 느껴지기도 한다.

복식은 혼자 하는 경기가 아니다. 멋진 한 방보다는, 파트너와 함께 설계하고 완성하는 플레이가 더 많은 포인트를 만든다.

4구 안에 끝날 확률 81%

복식의 승부는 생각보다 훨씬 빨리 결정된다. 대부분 포인트가 길고 화려한 랠리가 아닌, 짧고 치밀한 몇 번의 교환으로 끝나기 때문이다.

- 1~4구(첫 공격): 전체 포인트의 81%
- 5~8구(패턴 플레이): 전체 포인트의 17%
- 9구 이상(연장 랠리): 전체 포인트의 2%
- 평균 랠리 길이: 약 3구

서브-리턴-3구-4구, 이 네 번의 터치 안에 대부분 승부가 결정된다는 얘기다. 우리가 그토록 연습하는 6구, 7구, 10구로 이어지는 긴 랠리는 실제 경기에서는 20% 미만에서만 일어난다. 더 충격적인 건 샷별 성공률이다.

- 발리: 54~64% 성공률
- 오버헤드: 75~86% 성공률
- 그라운드 스트로크: 4~10% 성공률

우리가 '주 무기'라고 믿는 스트로크는 실전에서 가장 비효율적인 선택인 셈이다. 복식의 포인트는 대부분 작전을 바탕으로 한 '서브-발리-스매싱'으로 마무리된다. 복식에서 이기고 싶다면, 멋진 스트로크보다 먼저 서브, 리턴, 그리고 3구 안의 설계에 집중해야 한다. 진짜 경기는 그 안에서 결정된다.

그런데도 사람들은 여전히 스트로크에 목숨을 건다. 가끔 나오는 멋진 스트로크 위닝 샷은 오래 기억에 남지만, 그 뒤에 쌓인 수많은 실수와 실패는 쉽게 지워진다. 하지만 복식은 기억에 남는 샷으로 이기는 경기가 아니다. 4구 안에 판이 결정되는 싸움이다. 이제는 무엇을 더 연습하고, 어디에 집중할지를 바꿔야 할 때다.

복식에서 스트로크의 진짜 역할

그렇다면 스트로크는 포기해야 할까? 물론 아니다. 다만 그 역할을 완전히 다르게 생각해야 한다. 복식에서 스트로크는 점수를 끝내기 위한 한 방이 아니라, 흐름을 만들고 파트너에게 찬스를 넘겨주는 연결의 기술이다.

멋지게 마무리하고 싶은 욕심은 누구에게나 있다. 공이 잘 맞고 몸이 가볍게 반응하는 날이면, 스트로크 한 방으로 포인트를 끝내고 싶어질 수 있다. 하지만 그런 시도는 종종 흐름을 끊고, 파트너와의 호흡까지 흔든다. 상대를 깊이 밀어내고, 중심을 흔들고, 위협적인 샷을 차단하는 것. 그렇게 상대를 흔든 뒤의 공이, 파트너가 전진하며 마무리할 기회가 된다.

무리한 한 방보다는, 함께 완성하는 한 포인트가 복식에선 훨씬 더 강하다. 스트로크에 목숨 걸다 흐름을 놓치는 일이 반복되고 있다면, 이제는 질문을 바꿔야 한다.

"어떻게 끝낼까?"가 아니다. 이것이다.

"어떻게 흐름을 설계할까?"

This Week's Action Mission

"4구 안에 이기는 경기 흐름 설계하기"

- 스트로크로 끝내지 말고, 흐름을 설계하자.

  ex 상대를 밀어내고 파트너에게 찬스를 넘기는 연결 플레이를 연습

- 서브-리턴-3구-4구 안에 끝내는 패턴을 만들어 보자.

- 발리, 오버헤드를 회피하지 말고 무기로 전환하자.

Week 43 한 방에 끝내려는 욕심을 버려라

"테니스는 야구와 비슷하다.
안타도 있고 번트도 있는데, 사람들은 홈런만
치려고 한다. 홈런을 잘못 치면 그대로 아웃이다.
한 방에 모든 걸 걸지 말고,
흐름을 만들어 가는 인내심이 필요하다."

"이번엔 확실히 끝낼 수 있을 것 같았는데…."
"아, 조금만 더 세게 쳤으면 됐을 텐데."

경기 후 이런 말이 자꾸 맴돈다. 왜 놓쳤을까? 답은 의외로 간단하다. '한 방에 끝내려는 욕심'에 사로잡혀 있었기 때문이다.

잘 쳐서 한 방에 끝내고 싶은 건 테니스를 치는 사람 모두의 본능이다. 누구나 멋진 위닝 샷으로 포인트를 마무리하는 순간을 꿈꾼다. 하지만 실전은 다르다. 테니스는 꼭 내가 끝내지 않아도 된다. 상대의 실수로 끝나기도 하고, 우선 공을 넘겨 놓으면 또 다른 기회가 오기도 한다. 무기라고는 아무것도 없으면서, 포핸드 하나만 믿고 끝내려 들지 마라. 준비도 안 된 상태에서 조급하게 휘두르면 마음도 경기의 흐름도 모두 무너진다.

그러니 먼저 진짜 끝낼 수 있는 상황인지 물어야 한다. '지금 이 샷으로 마침표를 찍을 수 있는가?' 아니면 그냥 '그럴듯하게' 끝내고 싶은 마음만 앞서고 있는 건 아닌가?

서브와 스매싱, 한 방의 함정

이런 '한 방 욕심'은 특히 서브와 스매싱에서 극명하게 드러난다. 서브는 내가 완전히 통제할 수 있는 유일한 샷이다. 그래서 더욱 큰 기대를 걸게 된다. '이번 서브로 에이스를 내서 한 방에 끝내자' 이런 생각이 드는 순간, 어깨에 힘이 들어간다. '이걸 꼭 성공시켜야 하는데' 하는 순간 평소보다 더 세게 치고, 더 정교한 코스를 노리게 된다. 결과는? 더블 폴트. 그러면 다음 서브는 더 조심스러워지거나, 반대로 더 무리하게 된다. 어느 쪽이든 자연스러운 리듬은 깨진다.

스매싱은 더하다. 공이 뜨는 짧은 순간, 머릿속이 시끄러워진다. '이번엔 확실히 끝내야 해' '이걸 놓치면 또 공격하겠지' 그 부담이 몸을 경직시키고, 실수를 만든다. 한 번 놓치면, 상대는 그 약점을 계속 파고든다.

결국, 한 방에 끝내려는 마음이 오히려 경기를 어렵게 만든다. 무리한 욕심이 아니라, 어떤 결과가 나와도 다음 볼을 준비하는 태도. 그게 진짜 실력이다.

절실함과 욕심은 한 끗 차이다

그러면 '한 방에 끝내고 싶은 마음'을 완전히 버려야 할까? 그건 아니다. 문제는 '한 방' 자체에 있는 것이 아니라, 거기에 얹어진 '욕심'이다. '세게, 멋지게 끝내야 해!' 이 생각이 드는 순간, 공은 네트를 넘지 못하고, 마음은 조급함에 무너진다.

절실함은 다르다. 공 하나에 마음을 담는다. 지금 이 한 공을 소중히, 자신 있게, 내 루틴대로 쳐 보겠다는 태도. 소심함이 아니라 신중함이고, 강박이 아니라 준비된 확신이다. 공을 부드럽게 넘기기도 하고, 때로는 자신 있게 밀어붙이기도 한다. 이렇게 순간마다 판단하고 조율하는 힘, 그게 바로 절실함이 만든 여유다.

반면 욕심은 다르다. 욕심은 공 하나에 '반드시 끝내겠다'라는 과도한 기대를 걸게 만든다. 어깨에 힘이 들어가고, 한 방에 에이스를 내서 상대를 무력화시키려는 마음이 커진다. 결국 공은 네트에 걸리고, 마음은 더 조급해진다.

욕심은 절실함과 달리, 내 루틴이 아니라 결과에만 초점을 맞춘다. 승부욕이라는 이름으로 포장되지만, 실제로는 내가 통제할 수 없는 것에 매달리게 만드는 위험한 감정이다.

테니스는 사회생활과 닮았다. 회의에서 무턱대고 목소리를 높인다고 원하는 결과를 얻지 못한다. 처음엔 강하게 나가다가도, 상대 반응을 읽고 조율하며, 내 이야기를 담담히 풀어낼 줄 알아야 손을 맞잡고 마무리할 수 있다.

공도 마찬가지다. 어떤 땐 밀어붙이고, 어떤 땐 부드럽게 넘기며, 늘 소중히 다뤄야 한다. 공 하나에 마음을 담는 태도, 그게 절실함이다. 그리고 그 절실함 위에 자신감이 쌓일 때, 비로소 나답게 테니스를 치게 된다.

집중하되 조급하지 마라

"기회는 한 번뿐이야. 마지막이라고 생각하고 쳐."

코치들이 자주 하는 이 말을 어떻게 받아들이느냐가 중요하다. 이 말은 '기회가 왔을 때 가볍게 넘기지 말라'는 뜻이지 '여기서 무조건 끝내야 해!'라는 압박이 아니다.

한 방에 끝내려는 욕심이 아니라, 그 한 방에 최선을 다하는 태도가 필요하다. 실수해도, 다시 흐름을 되찾으면 된다. **집중하되, 조급하지 마라. 몰입하되, 흔들리지 마라. 그게 진짜 '한 방을 준비하는 자세'다.**

핵심은 '구분하는 능력'이다. '지금 이 샷, 내가 정말 끝낼 수 있는 찬스인가?' 80% 이상의 확신이 없다면, 무리하지 말고 잘 넘겨라. 테니스는 길다. 지금이 아니어도 진짜 기회는 반드시 다시 온다. 그리고 그 기회가 왔을 때, 망설이지 말고 과감하게 끝내라.

절실함을 품고, 루틴대로 밀어붙여라. 이 순간을 기다릴 줄 아는 사람만이, 진짜 '한 방'을 가질 수 있다. 절실함과 욕심, 집중과 조급함, 과감함과 무모함. 이 미묘한 차이를 구분할 수 있을 때, 비로소 '한 방'의 진짜 의미를 알게 된다.

당신의 플레이를 드라이빙하라

그냥 나오는 '멋진 한 방'은 없다. 차분히, 꾸준히, 랠리를 이어가며 만들어지는 것이다. 그리고 이 흐름은 결국 삶과도 닮았다. 요즘 같은 시대, 한 방으로 끝내 버리고 싶은 일이 얼마나 많은가. 그렇지만 결국은 **지루하고 힘겨운 랠리를 다시 이어 가는 것에서 진짜 '내 샷'이 시작된다.**

> This Week's Action Mission

"조급함을 버리고 기회를 만들자"

- 한 방에 끝내려 하지 말고, 차분히 흐름을 설계하며 진짜 찬스를 만들어 내자.
- 지금 이 공만 생각하지 말고, 항상 그다음 움직임과 마음가짐까지 준비하자.
- 공 하나를 소중히 대하되, 과도한 기대는 내려놓자.

Week 44 우물쭈물하는 순간, 기회는 사라진다

"기회는 우물쭈물하는 사람을 기다려 주지 않는다. 짧은 공이 왔을 때, 공간이 보일 때, 망설이는 0.1초 사이에 찬스는 사라진다. 테니스는 결단의 스포츠다. 확신 있는 한 방이 승부를 결정짓는다. 마침표는 용기 있는 자만이 찍을 수 있다."

"나는 왜 이렇게 끝내기가 안될까요? 자꾸자꾸 넘어와요."
"빈 곳이 저렇게나 많은데 왜 자꾸 사람이 있는 곳에 공을 때릴까요?"

분명 찬스 볼이었다. 짧은 공이 떴고, 상대 코트에는 공간이 넓게 열려 있었다. 내가 한 발만 더 갔더라면, 한 번만 더 과감했더라면 끝낼 수 있었던 순간이었다. 하지만 끝내지 못하고, 공은 계속 다시 넘어온다.

많은 사람이 "제가 파워가 부족해서요" "기술이 모자라서 그런 것 같아요"라고 말한다. 하지만 마무리를 못 하는 진짜 이유는 다른 곳에 있다.

마지막 시선이 승부를 결정한다

끝내지 못하는 건 기술이나 파워 때문이 아니다. 바로 당신의 '마지막 시선' 때문이다.

레슨 때를 떠올려 보자. 분명 크로스로 공을 보내려고 했는데 정면에서 피딩해 주는 코치에게 공을 친 경험이 있을 것이다. 왜 그럴까? 당신의 마지막 시선이 정작 치고자 하는 타깃이 아닌 코치를 향했기 때문이다.

경기 중에도 마찬가지다. 공을 보내고 싶은 지점이 따로 있는데, 시선은 자꾸 움직이는 상대를 쫓는다. 크게 열린 공간, 깊숙한 모서리, 상대의 약점을 파고드는 자리, 그런 곳을 보고 쳐야 하는데 사람을 보고 치니까 경기가 안 끝나는 것이다.

프로 선수들은 상대를 속이려고 일부러 다른 곳을 보고 치기도 한다. 하지만 그건 수천 번의 훈련을 거친 선수들이기에 가능한 일이다. 아마추어들은 다르다. 머릿속에 타깃이 명확하지도 않은 상태에서 무의식적으로 상대만 쳐다본다. 의도적인 속임수가 아니라 그냥 습관적인 실수일 뿐이다.

그래서 우리는 먼저 기본부터 확실히 해야 한다. 타깃에 시선을 고정하고, 그 지점을 향해 정확히 치는 것부터 몸에 완전히 익혀야 한다. 상대가 어디로 움직일지 걱정하며 그를 쳐다보는 순간, 공은 그 상대에게로 향한다. 그러니 상대가 아니라, 보내고 싶은 그 지점, 그곳에 마지막 시선을 고정해야 한다. 그게 마침표를 찍는 첫 번째 조건이다.

결정적 순간의 선택! 터치 vs 펀치

마지막 시선을 제대로 보냈다고 해서 끝이 아니다. 이제 더 중요한 순간이 기다리고 있다. 바로 '어떻게 칠 것인가'의 선택이다.

이번엔 확실히 끝내겠다! 완벽한 기회다. 상대는 코트 구석으로 밀려났고, 반대편에는 넓은 공간이 열려 있다. 시선도 정확한 타깃 지점에 고정했다. 그런데 막상 공을 치는 순간, 뭔가 망설여진다. '너무 세게 치면 아웃될까? 안전하게 넘기는 게 나을까?' 그러면 결과는 '팡' 하고 칠 것처럼 준비했다가 마지막에 '톡' 건드리고 만다. 애매하게 넘어간 공은 다시 넘어오고, 또다시 랠리가 계속된다. 바로 이게 문제다. 이런 어중간한 선택이 기회를 망친다.

칠 거면 확실하게 쳐라. 터치 말고, 펀치로! 힘으로 찍어 누르는 게 아니다. 정확한 타깃을 향해 주저 없이 꽂아야 한다. ==결정의 순간에 필요한 건 힘이 아니라 정확함과 확신이다.==

팔로우 스루로 완성하는 마침표

진짜 마침표는 팔로우 스루에서 결정된다. 확신 없는 샷은 라켓이 중간에 멈춘다. '어? 잘못 쳤나?'라는 마음이 몸을 멈추게 한다. 반면, 확신 있는 샷은 끝까지 간다.

공을 맞힌 후에도, 라켓은 목표 지점을 향해 자신 있게, 끝까지 밀고 나아간다.

라켓 운동에서 제일 중요한 건, 임팩트와 팔로우 스루다. 임팩트는 0.1초의 순간이지만, 팔로우 스루는 그 이후의 의식적인 동작이다. '끝까지 밀어붙이겠다'라는 의지의 표현이다. 똑같은 임팩트라도 팔로우 스루에 따라 공의 방향과 깊이가 완전히 달라진다.

마침표는 우연히 찍히지 않는다. 보낼 곳을 정확히 보고, 망설이지 않고 제대로 치고, 팔로우 스루로 끝까지 완성해야 한다. 이 세 가지가 정확히 맞아떨어질 때, 그 샷은 단순한 스트로크가 아니라, 상대를 침묵시키는 '승리의 마침표'가 된다.

이제는 넘기기만 하지 말자. 확신하고 끝을 맺자. 경기를 마무리하는 건 더 센 사람이 아니라, 결정할 줄 아는 사람이다.

This Week's Action Mission

"기회가 왔다면, 마침표를 찍어라!"

- 찬스 볼 상황에서 '타깃' 지점을 정확히 설정하고, 시선을 끝까지 유지하자.
- 완벽한 찬스 볼이 왔을 때 확실하게 마무리하자.
- 임팩트 후 팔로우 스루를 끝까지 완성하자.
- 오늘 경기에서 내가 찍은 '확신의 마침표'를 기록하자.

Week 45 이기고 있는데도 불안하다면?

"이기고 있을 때 불안한 건 당연하다.
잃을 게 생겼으니까.
하지만 그 불안에 굴복하면 흐름을 놓친다.
머릿속 복잡한 생각을 지우고, 지금 이 한 점에
악착같이 집중하면 된다.
완벽하게 이기려 하지 마라. 한 점이면 충분하다."

"분명 5대 0으로 이기고 있었는데, 순식간에 따라 잡혀서 타이 브레이크까지 가서 5대 7로 졌어요."

이런 얘기를 심심찮게 듣는다. 충분히 앞서고 있었고, 경기는 거의 다 이긴 것처럼 보였지만, 어느 순간부터 이상하게 꼬이기 시작한다.

크게 지고 있을 땐 오히려 마음이 편하다. 잃을 게 없으니까. 어차피 바닥이니, 뭐든 시도해 볼 수 있다. 하지만 이기고 있을 땐 다르다. 이미 쌓아 놓은 점수가 있으니, 그걸 지켜야 한다는 압박감이 슬슬 목을 조이기 시작한다.

'이 정도 점수 차이에서 절대 져서는 안 돼'라는 생각이 몸을 경직시키고 플레이를 망가뜨린다. 아직 포인트가 시작되지 않았는데, 마음은 이미 끝을 상상하고 있다.

그리고 상대방의 작은 변화에도 과민하게 반응한다. 위닝 샷 한 방만 나와도 '혹시 분위기가 바뀌는 건 아닐까?'라는 생각에 사로잡힌다. 이기고 있는데 왜 불안할까?

'지켜야 한다'라고 생각하는 순간, 모든 게 무너진다

5대 0으로 앞서던 사람이 5대 7로 지는 일, 역전당해서 지는 일, 테니스에서는 정말 자주 일어난다. 농담으로 '국룰'이라고 할 만큼 흔한 일이다. 어떻게 이런 일이 가능할까?

상대방이 한 게임 따내면 5대 1이 된다. 테니스는 다른 경기처럼 큰 점수 차이로 승부가 나지 않기 때문에 상대방은 '어? 할 만한데?'라는 생각을 한다. 또 한 게임을 따내면 5대 2. 이제 상대방 눈에 희망이 보인다. 반면 나는 '지켜야 해'라는 생각에 휩싸여 플레이가 흔들린다. 공격적으로 끝낼 수 있었던 찬스를, '안전하게 넘기기'로 바꾸면서 흐름을 내어 주는 것이다. 지킨다고 지켜지지 않는다. 지키려는 마음은 결국 몸을 무겁게 만들고, 평소 하던 플레이조차 하지 못하게 한다.

프로 선수들은 어릴 때부터 '끝내는 연습'을 한다. 이기고 있을 때 어떻게 마무리할지, 불안감이 몰려올 때 어떻게 대처할지를 체계적으로 배운다. 하지만 우리는 그런 훈련을 받을 기회가 없었다. 그러니까 이기고 있어도 불안한 게 당연하다. 자책할 필요 없다.

불안이 사라지진 않지만, 불안 속에서도 경기를 해결하는 방법을 배우면 된다. 중요한 건 이 불안감을 인정하는 것이다. '아, 지금 불안하구나'라고 받아들이고, 그 상태에서도 할 수 있는 일들을 찾으면 된다.

생각의 기준을 바꿔라. '이번 포인트로 꼭 끝내야 해' 이런 강박은 오히려 나를 무너뜨린다. 이럴 땐 생각의 기준을 바꿔야 한다. 지금 몇 포인트 앞서 있는가? 그 점수 차이가 바로 심리적 쿠션이 될 수 있다. '아직 기회가 있다' '꼭 지금 끝낼 필요는 없다' 이런 여유 있는 인식이, 실수를 줄이고 집중력을 회복하게 해 준다.

계산은 냉정할수록 좋다. 구체적으로 계산해 보자. "서브 두 번의 기회가 남아 있다" "퍼스트 서브 한 번은 날려도 괜찮다" 이런 계산은 조급함을 누르고, 내 루틴으로 돌아오게 해 준다. 이긴다고 너무 흥분하지 말고, 한 포인트 졌다고 풀이 죽을 필요도 없다.

첫 포인트를 준비하듯, 평소처럼 루틴을 밟고, 자신 있는 샷을 넣으면 된다.

한 번에 한 가지씩 Clear!

이기고 있는데도 흔들리고 있다면? 더 침착해져야 한다. 그리고 이때 가장 좋은 전략은 '한 점' '랠리'에 집중하는 것이다. 과거도, 다음 점수도 중요하지 않다. 중요한 건 지금, 이 순간이다.

경기 중에 머릿속이 복잡해지면 몸이 멈추고 자신감이 사라진다. 이건 코칭할 때도 똑같다. 포핸드를 가르칠 때 학생들에게 "손목은 이렇게, 발목은 저렇게, 허리는 이렇게 써야지" 한꺼번에 다 얘기하면, 그 순간 머릿속이 꽉 막혀 버린다.

단순하게, 오직 한 가지에 집중하라. 그것이 실수를 줄이고 자신감을 쌓는 가장 현실적이고 효과적인 방법이다. **완벽하지 않아도 된다. 한 점이면 충분하다.**

역사상 가장 우아한 테니스 선수로 꼽히는 로저 페더러Roger Federer. 그는 통산 1,526경기에서 무려 80% 이상의 승률을 올리며 103개나 되는 타이틀을 따냈다. 하지만 놀랍게도 포인트 승률로 보면 54%밖에 안 된다. 페더러조차 모든 포인트를 따지는 못했다.

아무리 뛰어난 선수라도 완벽하게 하는 것은 불가능하다. 불완

전함을 끌어안고 다음 포인트로 나아가는 힘이 진짜 실력이다. 중요한 건 한 점을 더 따는 것! 단 1점이면 충분하다.

집중력이 살아 있을 때, 악착같이 밀어붙여라

사람마다 집중할 수 있는 시간이 다 다르다. 그래서 집중력이 살아 있을 때, 한 점 한 점 악착같이 따내야 한다. '좀 더 여유롭게 마무리할까?' '이제 슬슬 지키자'라는 생각이 들기 시작하면 그 순간부터 집중력이 약해진다. 불안은 빈틈을 타고 들어오고, 흐름은 서서히 상대에게 넘어간다. 집중력이 살아 있고, 손에 감각이 남아 있는 지금이 기회다. 그 순간에 악착같이 몰아붙여야 한다. 기세가 꺾이기 전에, 상대가 숨 돌릴 틈조차 없을 때 마무리하자. 흐름을 잡았다면 주저하지 마라. 흐름은 지키는 게 아니라, 쥐고 흔드는 것이다.

"여유 있게 쿠션을 활용해라"와 "집중력이 살아 있을 때 악착같이 끝내라" 이 두 말이 모순처럼 들릴 수도 있다. 하지만 이 두 조언은 사실 같은 이야기다.

"이럴 땐 무조건 이렇게" 우리는 자꾸 하나의 공식, 하나의 정답을 원한다. 그런데, 테니스는 공식대로 흘러가지 않는다. 테니스는 기계와 하는 경기가 아니다. 상대는 계속 바뀌고, 상황은 매 순간 달라진다. 같은 4대 1 상황이라고 해도, 그날의 바람, 햇빛, 내 몸의 상태, 상대의 기세, 모든 것이 다르다. 그래서 정답은 없다. '상황을 읽는 능력'이 필요할 뿐이다.

'여유 있다'고 방심하는 순간, 흐름은 무너진다. '이제 한두 점쯤은 괜찮아'라는 생각이 고개를 들면, 후루룩 말리기 시작한다. 반대로 '무조건 지금 끝내야 해'라는 강박은 몸을 경직시키고 판단을 흐리게 만든다. 이럴 땐, 이렇게 질문하라.

"지금, 이 순간, 내게 필요한 건 무엇인가?"

집중력이 살아 있고, 손에 감각이 살아 있다면, 망설이지 말고 밀어붙여라. 조급해지고, 실수가 늘기 시작했다면, 점수 차를 심리적 쿠션 삼아 루틴으로 돌아가라.

정답은 없다. 그때그때 가장 정확한 판단을 하는 힘, 그것이 진짜 실력이다.

변수를 두려워하지 마라. 변수를 읽어라. 그것이 이기고 있을 때 불안한 마음을 넘어서는 길이다.

> **This Week's Action Mission**

"흐름이 내 편일 때, 망설이지 말고 밀어붙여라!"

- 조급함이 올라올 때, 호흡·리듬·셋업 등 루틴으로 중심을 잡자.
- 점수 차이를 심리적 쿠션으로 활용해 여유 있게 플레이하자.
- 흐름을 잡았을 때, 망설이지 않고 적극적으로 밀어붙이자.
- 경기 중 흐름이 흔들릴 때, "지금 나에게 필요한 건 무엇인가?"를 물으며 리셋하자.
- '완벽하게 이기려 하지 말자, 한 점이면 충분하다'라는 생각으로 포인트에 집중하자.

Week 46 끝났다고 생각하는 순간, 진짜 끝난다

"샷이 완벽했다고 경기까지 끝난 건 아니다.
정말 끝나 봐야 아는 것이다.
상대가 포기하지 않는 한,
경기는 쉽게 끝나지 않는다.
그러니 마지막 순간까지 라켓을 놓지 마라!"

"완벽한 위닝 샷이었거든요. 코너 깊숙이 들어갔고, 절대 못 받을 공이었어요. 그래서 돌아서고 있었는데…."

무조건 끝이라고 확신하며 돌아섰는데, 상대는 포기하지 않았다. 경기는 아직 끝나지 않았고, 그걸 깨달았을 땐 이미 늦었다.

잘 쳤다고 라켓을 내려놓으면, 진짜 끝난다

테니스에서 가장 위험한 순간 중 하나는? '내가 이겼다'라고 예감하는 순간이다. 상대 발아래 꽂은 포핸드 위닝 샷, 텅 빈 오픈 코트를 가르는 패싱 샷, 완벽한 각도로 찌른 네트 앞 포칭. 이런 완벽한 샷을 날린 직후, 우리는 무심코 판단한다.

"끝났다!"

네트에 걸릴 듯한 리턴이나, 아웃될 것 같은 패싱 샷을 보며 속으로 중얼거린다.

'당연히 네트에 걸릴 거야' '당연히 아웃되겠지' 이처럼 이미 포인트는 끝났다고 확신한다. 그래서 라켓을 내리고, 몸을 돌리고, 파트너와 파이팅을 외친다.

그랬던 공이 의외로 넘어오고, 라인 앞에 뚝 떨어지고, 코트 안으로 살며시 들어오는 경우가 너무 많다. 그 순간, 나는 무방비 상태다. 흐트러진 자세, 놓친 타이밍. 그대로 역습을 허용하고 만다. 완벽했던 한 방이, 순식간에 최악의 순간을 만든다.

완벽한 드롭 샷을 쳐도 상대가 달려와서 건드릴 수 있다. 아웃될 것 같던 로브도 바람을 타고 라인 안에 떨어질 수 있다. 네트에 걸린 것 같던 공이 의외로 넘어올 수 있다.

내가 아무리 잘 쳐도, 상대가 '툭' 하고 건드려 넘어올 수 있다. 그게 테니스다.

그러니 끝날 때까지는 끝난 게 아니다. 공이 완전히 멈출 때까지, 심판이 "아웃!"을 외칠 때까지, 절대 라켓을 놓지 마라.

'어차피 안 돼'라고 생각하는 순간, 진짜 끝난다

반대 상황도 마찬가지다. 상대방이 완벽한 샷을 날렸을 때, 우리는 어떻게 반응할까?

'아, 저건 못 받아' '너무 빨라' '각도가 너무 좋네' '어차피 망했어' 이런 생각이 머릿속에 스치는 순간, 발이 멈추고, 라켓이 내려간다. 포기하는 마음이 몸을 지배한다. 그런데 정말로 그 공을 받을 수 없었을까? 불가능해 보여도, 일단 건드려 봐라. 아니, 무조건 받는다는 마음으로 뛰어라.

프로 경기를 보면 정말 신기한 장면들이 많다. 절대 닿을 수 없을 것 같던 공을 선수가 달려가서 간신히 건드린다. 그렇게 스치듯 맞은 공이 상대 코트로 넘어간다. 그리고 그것이 포인트의 전환점이 된다.

'할 수 없다'라고 생각한 순간, 진짜 할 수 없게 된다. 하지만 '일단 건드려 보자'라고 생각하면? 기적 같은 일들이 벌어진다. 겨우 건드린 공이 운 좋게 네트를 넘어가면, 상대방이 그 예상치 못한 공에 당황해서 실수한다. 적어도 최소한 상대방에게 '쉽게 이길 수 없는 상대'라는 인상을 줄 수 있다.

테니스는 확률의 스포츠다. 완벽해 보이는 샷도 늘 들어가는 건 아니고, 불가능해 보이는 공도 반드시 못 받는 건 아니다. 100%도, 0%도 없다. 1% 확률이라도 있다면, 끝까지 뛰어라.

몸은 마음을 따라간다

이렇게 마음이 먼저 멈추는 순간, 몸도 그 즉시 반응을 멈춘다. 발은 더 이상 앞으로 나아가지 않고, 라켓은 들고 있지만 움직이지 않는다. 정말 힘들어서 멈춘 게 아니다. '힘들다, 못하겠다'라는 생각이 먼저 들면, 몸은 그 즉시 따라 멈춘다.

반대로 마음속으로 '아직이야!'라고 외치는 순간, 기적처럼 몸은 다시 움직인다. 숨이 차도 한 발 더, 각도가 엉망이라도, '일단 가 보자'라는 마음 하나로 공을 끝까지 쫓을 수 있다.

경기를 끝내는 건 점수가 아니라, 내 마음이다. 마음이 살아 있으면, 공이 살아 있는 한, 경기는 아직 끝나지 않았다.

그러니 기억하라. 몸은 마음을 따라간다. 그러니 가끔은 악으로 깡으로! 끝날 때까지 끝난 게 아니다. 이겨 내라. 버텨 내라. 해낼 수 있다.

This Week's Action Mission

"몸은 마음을 따라간다.
마지막 순간까지 뛰어라!"

- 위닝 샷이나 네트 플레이 직후에도 시선을 끝까지 유지하고 다음 반응을 준비하자.
- 0%가 아닌 이상, 한 번이라도 더 건드려 본다는 마음으로 도전하자.
- 포인트 종료 전까지 자세와 루틴을 흐트러뜨리지 말자.
- "아직이야!"라고 말하며 지친 순간을 버텨 보자.

테니스는 기술만의 싸움이 아니다.
공을 다루는 손보다 중요한 건
그 공을 대하는 '마음'이다.
두려움 앞에 멈추지 않고,
자신만의 기준을 다시 세우고,
사람들과 함께 성장하며,
조급함 대신 기다림을 선택하는 힘.
테니스를 잘 치는 것보다
테니스를 통해 단단해지는 것이 먼저다.
이번 파트에서는
실력 이전에 태도를,
승부 너머의 성장과 삶을 바꾸는
테니스에 관해 이야기한다.

PART 6

테니스를 넘어, 삶까지 바꾸는 시험

대도가 실력을 완성하는 순간

Week 47 두려운가? 그럴수록 부딪혀 봐라!

"두려운가? 그건 지금까지 해 보지 못한
새로운 경험을 하고 있다는 뜻이며,
지금 당신이 도전하고 있다는 증거다.
그러니 주저하지 말고 나아가라.
뚫고 지나가라!"

강한 상대를 만났을 때, 처음 대회에 출전할 때, 심장이 빨라지고, 손에 땀이 나고, 몸이 얼어붙는다. 그 순간, 자신이 한없이 작고 나약하게 느껴진다. 하지만 그건 당신이 약해서가 아니다. 지금까지 해 본 적 없는 새로운 경험 앞에 서 있기 때문이다. 경험이 부족하면 두려움이 먼저 온다.

두려움, 당신이 성장하고 있다는 신호다

처음 해 보는 기술, 처음 서보는 코트, 처음 마주하는 강한 상대. 그 앞에 서면, 별것 아닌 동작이 낯설고 쉬웠던 루틴도 어색해진다. '내가 할 수 있을까?' '또 망치면 어쩌지?' 생각이 꼬리를 물고 늘어지고, 몸은 움츠러든다. 그럴 때 사람들은 이런 자신을 자책한다.

'난 왜 이렇게 약해 빠졌을까?'

하지만 그건 당신이 약해서가 아니다. 경험이 부족하기 때문이다. 당신이 지금 두렵다는 건, 안주하지 않고 도전하고 있다는 가장 선명한 신호다.

이제는 두려움을 다르게 바라봐야 한다. 두려움은 없애야 할 감정이 아니라, 통과해야 할 감정이다. 피한다고 사라지지 않고, 억누른다고 없어지지도 않는다. 부딪혀야 익숙해지고, 익숙해져야 줄어든다. 그러니 질문을 바꿔라.

'왜 두려운가?'가 아니라 '이 두려움을 나는 어떻게 통과할 것인가?'

실전에서 부딪혀 봐야 진짜다

"한 번쯤은 두들겨 맞아 봐야 해."

다소 거칠게 들릴 수 있지만, 이건 테니스에서도, 인생에서도 진짜 실력을 키우는 유일한 방법이다. 연습할 때는 아무리 완벽한 스트로크를 구사해도, 실전은 다르다. 연습 파트너는 당신이 치기 쉽게 공을 넣어 주지만, 실제 상대는 그렇지 않다. 당신을 흔들려고 온갖 방법을 동원한다. 예상치 못한 각도로, 예상치 못한 스핀으로, 예상치 못한 타이밍에 공이 날아온다. 점수가 뒤처질 때의 조급함, 중요한 포인트에서의 긴장감, 상대의 기세에 눌리는 순간들은 오직 실전에서만 경험할 수 있다.

강한 상대에게 밀려 보고, 속도에 압도당하고, 내가 아무것도 할 수 없는 무력감을 겪을 때 진짜 훈련이 시작된다. 어디서 무너지는지 알아야 무엇을 훈련해야 할지도 보인다. 지금은 흔들리고 무기력할 수도 있다. 하지만 그 시간을 견뎌 낸 자만이 실전에서 통하는 무기를 갖게 된다.

새로운 시도를 하는 일에는 언제나 용기가 필요하다. 아직 익숙하지 않은 기술을 시도하는 순간에는 두려움이 따른다. 하지만 그 두려움을 견뎌야 새로운 스타일과 가능성을 만날 수 있다. 새로운 것을 해 본다는 것은 단순히 기술을 하나 더 배우는 일이 아니다. 그것은 내 안의 틀을 조금씩 넓히고, 더 풍부하게 테니스를 즐길 수 있는 발판이 된다. 그리고 그 변화는 다른 누구도 대신할 수 없는 나만의 경험이 된다.

우리 모두의 테니스가 조금 더 다채로워지길 바란다. 익숙함 속에서 편안함을 찾는 것도 좋지만, 가끔은 낯선 선택을 해 보는 용기가 우리를 더 큰 성장으로 이끈다. 그 시작은 '내가 왜 이걸 해 보지 않았을까?' 하고 스스로 던지는 작은 질문에서 시작된다.

안전지대를 벗어나라

진짜 성장은 불편한 곳에서 일어난다. 한 번쯤은 벽에 부딪혀 봐야 한다. 새로운 기술을 시도할 때, 중요한 대회에 나갈 때 진짜 실력이 향상된다. 프로 선수들을 보라. 그들도 처음부터 강하지 않았다. 수많은 패배를 겪으며, 더 강한 상대들에게 무너지며, 그 과정에서 조금씩 단단해졌다. 강한 상대에게 속수무책으로 당하는 경험이 쉽지는 않다. 무기력해질 수도 있고, 자존심이 상하고, 화가 나기도 한다. 하지만 그걸 피하면, 당신은 지금의 수준에 그대로 머문다.

중요한 것은 맞서는 자세다. '이 상대에게 지더라도 뭔가 하나는 배우고 가자' '완전히 당하더라도 끝까지 최선을 다해 보자' 이런 마음가짐으로 임한다면, 패배도 값진 경험이 된다.

테니스 코트에서 만나는 모든 상대는 당신의 선생님이다. 당신보다 잘하는 상대는 더욱 그렇다. 그들과의 경기에서 얻는 한 번의 깨달음이 연습장에서의 열 번의 연습보다 값질 수 있다.

결국 진짜 실력은 실전에서 만들어진다. 책으로 배운 이론, 연습장에서 익힌 기술이 실전의 압박에서 자연스럽게 나올 때, 그제야 비로소 진짜가 된다. 그러니 두려워하지 마라. 강한 상대를 피하지 마라. 한 번쯤은 두들겨 맞아 봐야 한다. 그 과정에서 당신은 더 강해질 것이다.

이기기 위한 자세가 아니라, 도전하기 위한 자세로 코트에 서라. 멋지게 해내는 것보다, 끝까지 해내는 태도가 더 중요하다.

두려운가? 그럴수록 부딪혀 봐라! 나아가라, 뚫고 지나가라!

This Week's Action Mission

"두려움을 느끼는 순간, 한 발 더 나아가자!"

- 이번 주, 두려움을 느낄 만한 새로운 상황에 도전하자.
- 두려움이 몰려온 순간, 내 몸이나 마음의 신호를 알아차리고 대응하자.
- 도망치지 않고 끝까지 부딪혀 보자.
- 내가 성장하고 있는 순간을 돌아보며 스스로 칭찬하자.

Week 48 최선의 기준을 새롭게 세워라

"'오늘은 여기까지만' 이 한마디로
당신의 성장은 멈춘다. 자신과 합의하지 마라.
멈추고 싶은 순간부터 진짜 훈련이 시작된다.
한계도, 기준도 결국 내가 정한다.
한계를 넘는 데 대단한 재능 따윈 필요 없다.
해 보겠다는 마음, 그거 하나면 충분하다."

"이 정도면 됐어."

"이 공은 못 받을 것 같아."

"지금 너무 힘든데 더는 못 하겠다."

우리는 매일 스스로와 합의를 한다. 하지만 그 순간이 바로 당신이 스스로 한계를 결정하는 지점이다. 한계는 누가 정해 주는 게 아니다. 결국 당신이 머릿속에 선을 긋고, 거기서 멈춰 버리는 것이다. 많은 사람이 그 선을 넘기도 전에 '여기까지만'이라고 합리화한다.

결국 문제는 '멘털'이다. "못 해"라는 말이 머릿속에 박히는 순간, 몸도 따라 멈춰 버린다. 할 수 있는 상황인데도 이미 마음은 지쳤다고, 힘들다고 외치는 것이다.

하지만 끝까지 버티는 것도 실력이다. 누구나 힘들다. 중요한 건, 그 순간에 '조금 더 해 보겠다'라는 마음을 지키는 것이다. 그 한 걸음이 바로 당신의 기준을 바꾸는 시작이 된다. 이제 자신에게 물어보자.

"지금 이 선택이, 정말 내 최선인가?"

합의하는 순간, 당신의 성장은 멈춘다

훈련의 시작은 항상 운동장을 뛰는 것이다. 가볍게 열 바퀴를 돈다지만, 평소 뛰지 않던 사람들에게는 쉽지 않다. 슬슬 표정이 어두워진다. 숨이 차고, 다리에 힘이 빠지고, 누군가는 이미 머릿속으로 핑계를 만든다. '오늘은 컨디션이 별로다' '이 정도면 충분하지 않나?' '좀 쉬어야 할 것 같은데…' 그러면 나는 그 타이밍을 놓치지 않고, 밖으로 통하는 문을 '쾅' 하고 잠가 버린다. '아, 못 나가는구나' 학생들은 그제야 깨닫는다. 이제는 멈출 수 없다는 걸.

그리고 땀을 뻘뻘 흘리면서도 결국 다 끝까지 뛴다. 그런데 조금 지나면 호흡이 정리되고, 리듬이 생기고, 몸이 적응하면서 오히려 편안해진다.

"이 정도면 됐지" "못 하겠어" 그 한마디로 성장은 멈춘다. 몸은 아직 할 수 있는데, 마음이 먼저 멈춘다. 왜일까? 스스로 그 지점에서 합의해 버리기 때문이다.

진짜 한계는 받아들이고, 가짜 한계는 넘어서라

물론, 진짜 한계도 있다. 다리가 아직 완전히 회복되지 않았지만, 테니스를 너무 치고 싶은 마음에 레슨을 받으러 온 학생이 있었다. 그 마음만큼은 정말 간절했다. 다리를 질질 끌고서라도 코트에 서 보겠다는 절실한 의지가 느껴졌다. 하지만 할 수 있는 게 거의 없었다. 스플릿 스텝조차 되지 않았고, 다리는 땅에 붙어 있었다. 하체가 받쳐 주지 않으니, 상체 스윙도 흐트러졌다. 그런데도 학생은 계속 물었다.

"뭘 더 하면 될까요?"
"뭘 더 하려고 해. 오늘은 더 이상 할 수 있는 게 없어."

서러움에 북받치는 듯했다. 하지만 돌아가는 길에 아마 스스로 깨달았을 것이다. '이건 그냥 받아들여야 하는 진짜 한계구나.' 몸이 도저히 따라 주지 않는 상황, 그럴 땐 의지보다 회복이 먼저다. 이것이 진짜 한계다. 누가 봐도 멈춰야 할 때, 그땐 멈춰야 한다.

그런데 대부분 그렇지 않다. "피곤해서…" "오늘 컨디션이 좀 안 좋아요" 이런 말이 나오는 순간, 나는 안다. 지금 이 사람은 불편한 걸 피하고 싶은 거구나. 합의를 보려는 사람들의 눈빛은 다르다. 나는 그 눈을 자주 본다.

맛있는 걸 상상하면 침이 고이듯, '힘들다'라고 생각하면 진짜 더 힘들어진다. 그러니, 슬슬 힘들어지기 시작할 때 오히려 '요것 봐라?' 하면서 웃어라. 몸이 아니라 마음부터 다시 일으켜 세워야 한다.

정말 유혹을 뿌리치기 어려운 날이라면, 합의의 시점을 조금씩만 미뤄 보자. '딱 10분만 더' '딱 열 번만 더' 그렇게 조금씩 기준선을 뒤로 밀다 보면 어느 순간 당신은 그 선을 넘어 있을 것이다. 그리고 거기가 진짜 한계가 아니었다는 것을 알게 된다.

진짜 한계는 받아들이고, 가짜 한계는 넘어서야 한다. 진짜 한계는 아무리 해 보려 해도 객관적으로 불가능한 상황이고, 가짜 한계는 조금 불편하고 힘들어서 그냥 피하고 싶은 상황이다. 문제는, 대부분이 이 둘을 너무 자주 헷갈린다는 데 있다. 불편함을 '한계'로 포장하고, 그 안에 스스로 가둬 버린다.

많은 이가 "이게 내 최선이에요"라고 말한다. 하지만 정말 그게 최선일까? 어쩌면 편해지고 싶은 마음이 만든 기준은 아닐까? 그 선을 넘지 않은 채, 그게 "최선이었다"라고 말하고 싶었던 건 아닐까?

당신의 목표, 새로운 기준을 만들어라

문제만 바라보는 사람은 늘 제자리에 맴돈다. 하지만 목표를 말하기 시작한 순간, 훈련의 방향도, 태도도 바뀐다. 문제에 머물지 말고, 목표를 그려라. 그래야 기준이 생기고, 비로소 성장이 시작된다. 기준을 다시 세우려면, 먼저 질문을 바꿔야 한다. 학생들에게 하고 싶은 게 뭐냐고 물어 보면, "포핸드가 안 돼요" "서브가 약해요" "발리를 못 하겠어요" 이런 식으로 대답한다. 그럴 땐 어김없이 다시 물어 본다.

"그래서 하고 싶은 것은 뭐지?"

많은 사람이 이 질문 앞에서 멈춘다. 문제는 잘 말하는데, 목표는 말하지 못한다. 하지만 이 질문의 방향이 바뀌는 순간, 태도도 바뀐다.

문제에 머무는 사람은 자꾸 같은 말만 반복한다. "포핸드가 안

돼요" "계속 네트에 걸려요" "서브가 약해요" 말은 다르지만 결국 같은 자리에서 맴돌고 있을 뿐이다.

반면, 목표를 가진 사람은 다르게 말한다. "스매싱 찬스가 왔을 때 완벽하게 마침표를 찍고 싶어요" "강력한 첫 서브를 만들고 싶어요" "로브가 올 때 물러나지 않고 '따닥볼'로 타이밍을 뺏어 흐름을 바꾸고 싶어요" 이런 말들은 이미 방향이 있다. 자신이 원하는 기술과 상황, 의도를 구체적으로 떠올리고 있는 것이다.

이 둘 사이엔 결정적인 차이가 있다. 전자는 결핍에 집중하고, 후자는 가능성을 그린다. 문제에 집중할 때 우리는 결핍에 머문다. '부족해' '잘 안돼'라는 생각이 계속 맴돈다. 하지만 목표에 집중할 때는 가능성을 본다. '이걸 해 보면 어떨까?' '저 기술을 익히면 더 재밌을 것 같은데'라는 생각이 든다. 결핍에 머무는 사람은 움츠러들고, 가능성을 보는 사람은 도전한다. 어떤 사람이 더 빨리 성장할지는 뻔하다.

테니스는 주도적으로 해야 한다. 결핍을 메우는 데 머무르지 말고, 당신이 만들고 싶은 플레이를 그려라. 무엇을 만들고 싶은가? 당신은 어떤 기술을 갖고 싶은가? 그 이미지가 바로 당신만의 새로운 기준이다. 그 기준이 오늘의 훈련을 바꾸고, 결국 당신의 최선을 새로 쓰게 만든다. 지금, 이 순간 새로운 최선을 선택하라.

This Week's Action Mission

"문제가 아닌 목표를 말하라!"

- 고치고 싶은 문제점을 '이루고 싶은 목표'로 표현해 보자.
- 다시 세우고 싶은 '최선의 기준'을 한 줄로 써 보자.
- 이번 주 훈련에서 그 기준을 향한 첫걸음을 내디뎌 보자.

Week 49 자신감은 단단하게, 태도는 겸손하게!

"노력한 자신을 믿어라. 막연한 응원으로는 진짜 자신감이 생기지 않는다. 흘린 땀과 쌓인 시간이 바로 자신감의 근거가 되어야 한다. 단단한 자신감 위에 겸손한 태도를 세워라. 이 균형이 결국 당신의 실력을 완성한다."

"자신 있게 쳐!"

우리는 이런 말을 참 많이도 한다. 하지만 누군가의 응원 한마디로 진짜 자신감이 생기진 않는다. 오히려 힘이 들어가고 동작은 둔해지고, 결과가 틀어지기 일쑤다. "할 수 있어!"라는 말만으로는 부족하다. 감정에 기대는 자신감은 금세 무너진다.

자신감은 단단하게

진짜 자신감은, 내가 흘린 땀과 시간을 스스로 믿을 때 생긴다. 자신감은 '기분'이 아니라 '근거'다. '될 거야'라는 막연한 희망이 아니라, '나는 여기까지 해 봤고, 그러니 이건 할 수 있어'라는 경험 기반의 믿음 위에 세워져야 한다. 매일 땀 흘린 연습, 실수 후 다시 일어난 경험, 포기하고 싶던 순간을 이겨 낸 훈련들. 그 모든 시간이 쌓여야 비로소 단단한 중심이 만들어진다. 그래서 진짜 자신감은 화려한 말에서 나오는 게 아니라, 조용히 반복된 시간 위에 쌓이는 것이다.

그런데 수많은 노력을 해 놓고도 자신을 믿지 못하는 경우가 많다. 실력은 이미 충분한데도, 자신을 인정하지 못해 주저한다. 경기만 시작되면 엉거주춤 자세가 무너지고, 스윙도 흔들린다. 마음가짐이 그대로 몸으로 드러나는 것이다! 몸은 정직하다. 마음속 두려움이나 자신감 부족은 고스란히 동작에 스며든다.

이런 경우 문제는 실력이 아니라 마음이다. 근거는 이미 충분한데 믿음이 부족한 것이다. 그럴 땐 거창한 말보다 이 한마디가 먼저다.

"나는 노력했고, 이 정도는 할 수 있어."

스스로 인정하는 마음이 있어야 위축된 태도에서 벗어나 적극적으로 나아갈 수 있다.

진짜 자신감, 단단하게 쌓인 자신감은 경기가 꼬이거나 뜻대로 풀리지 않을 때 진가를 발휘한다. 억울할 때, 자존심이 상할 때, 순간 화가 치밀어 오를 때도 그 밑바탕에 "그래도 나는 할 수 있다"라는 믿음이 있는 사람은 끝까지 버틴다.

내가 쌓은 시간과 노력에 대한 믿음을 잃지 마라. 그 믿음이 결국 어떤 흔들림도 버티게 해 준다.

태도는 겸손하게

자신감이 단단해질수록 더 조심해야 할 게 있다. 바로 태도다. 자신감이 있어야 과감하게 시도할 수 있고, 위기의 순간에도 흔들리지 않는다. 하지만 그 자신감이 거만함으로 바뀌는 순간, 경기력도, 태도도 함께 무너진다. 이기고 있다고 거만해지고, 잘 치고 있다고 우쭐해지면 그 순간부터 무너지는 건 시간문제다. 어깨에 힘이 들어가는 순간, 상대방을 우습게 보기 시작하고, 조언을 듣기 싫어하고, 자기만족에 빠진다. 그러면서 정작 자신의 부족함은 보지 못한다. 진짜 고수일수록 더 겸손하다. 보여 주기보다 배우려 하고, 자신을 내세우기보다 경기를 완성하는 데 집중한다.

"조금씩 실력이 쌓이면서 어깨에 힘이 들어가지 않도록!"

이 말이 얼마나 중요한지 모른다. 진짜 고수들을 보면 실력이 뛰어날수록 더 자연스럽고 겸손하다. 과시하려 하지 않고, 배우려는 자세를 놓지 않는다.

경기가 잘 풀릴 때, 샷이 원하는 대로 꽂힐 때야말로 태도를 가장 조심해야 한다. 자신감이 교만으로 변하는 데는 단 한 포인트면 충분하다. 말 한마디, 고개 젓는 동작 하나가 상대의 기분을 망치고, 파트너의 자신감을 꺾는다. 잘 친다는 이유로 파트너를 무시하거나, 상대의 실수에 무례하게 반응하는 순간, 실력은 빛을 잃는다.

자신에 대한 믿음은 내면에서 단단해지면 될 일이다. 그걸 굳이 태도로 드러낼 필요는 없다. 보여 주려고 하는 순간, 그건 이미 자신감이 아니라 허세다. 겸손은 약한 사람의 태도가 아니다. 자기를 조절할 줄 아는 사람만이 가질 수 있는 여유다. 지고 있을 때도 상대를 인정할 수 있고, 이기고 있을 때도 파트너를 존중할 수 있는 사람. 그런 사람이 진짜 강하다.

테니스는 상대가 있어야 완성되는 스포츠다. 어떤 상황에서도 매너가 먼저고, 존중이 우선이다. 상대방이 있어야 내가 성장할 수 있고, 함께 코트에 설 수 있다는 걸 잊지 말아야 한다.

자신감은 단단하게, 태도는 겸손하게 지켜라. 자신감은 나를 과감하게 도전하게 만들고, 겸손함은 나를 계속 배우고 성장하게 만든다.

This Week's Action Mission

"흔들릴 때 꺼내 쓸 수 있는 자신감을 만들어라!"

- 승패를 떠나 내가 쌓아 온 시간과 노력을 믿고 플레이하자.
- 팀원이나 파트너의 플레이에 존중의 리액션을 보이자.
- 나보다 약해 보이는 상대에게도 같은 집중력과 존중의 태도를 유지하자.
- 내가 부족하다고 느끼는 지점을 직시하고 개선하려는 자세로 훈련하자.

Week 50 사람들과 함께 성장하라

"혼자선 한계가 있다.
진짜 성장은 관계 속에서 일어난다.
상대에게 배우고, 파트너와 성장하며,
포기하고 싶은 순간을 함께 이겨 내는 과정에서
우리는 성장한다. 테니스는 단순한 기술이
아니라, 사람과 함께하는 법을 배우는 운동이다.
실력뿐 아니라 수준과 품격이 느껴지는
진짜 커뮤니티를 함께 만들어라."

테니스는 공만 잘 친다고 이길 수 있는 운동이 아니다. 테니스는 '누구와 함께 치는가'가 '어떻게 치는가'만큼 중요하다. 연습 파트너와 나눈 한마디, 같은 팀에서 느끼는 분위기, 서로 주고받은 작은 조언이 결국 나를 더 단단하게 만든다. 답은 '나'가 아니라 '우리' 안에 있다.

테니스, 결국 사람이다

테니스는 공만 주고받는 운동이 아니다. 눈빛이 오가고, 말이 오가고, 감정이 오간다. 그 안에서 흐름이 만들어지고, 경기의 분위기가 결정된다. 테니스 코트에서 가장 중요한 건 라켓도, 공도 아닌 바로 '사람'이다.

물론 사람들과 어울리는 일이 늘 편하고 좋기만 한 건 아니다. 같은 공간에 있으면 감정이 부딪히기도 하고, 괜히 기분이 상할 때도 있다. 그럴 땐 혼자서 훈련하는 편이 차라리 속 편할 것 같다는 생각도 든다. 하지만 매일 좋을 수는 없다. 모든 날이 뜨겁고 완벽할 수는 없다. 그래서 함께 가야 한다. 내가 흔들릴 때, 옆 사람의 말 한마디가 나를 일으켜 주고, 내가 서 있는 자리에서 또 누군가를 붙잡아 줄 수 있다면, 그 관계가 결국 나를 단단하게 만든다.

이름만 들어도 수준과 품격, 문화를 느낄 수 있는 모임을 만들어 가라. 그리고 그 안에서 함께 성장하라. 함께해야 오래 버틸 수 있다. 함께해야, 멀리 갈 수 있다.

말은 쉽지만, 실제로 그런 분위기를 만들어가는 건 쉽지 않다. 하지만 불가능한 일도 아니다. 누군가는 먼저 시작해야 하고, 그 누군가가 바로 '나'여야 한다. 작은 것부터 차근차근 쌓아 가면 된다. 먼저 진심으로 관심을 보여라. "오늘 컨디션 어때요?" "아까 그

포칭, 너무 좋았어요!" 거창할 필요 없다. 가벼운 인사와 진심 어린 관심 한마디면 충분하다. 상대방이 잘 안되는 걸 물어보며 도움을 청하면, 그냥 지나치지 말고 함께 고민하고 이야기를 나눠 보자. 결국, 내가 먼저 진심을 보여 주는 사람이 될 때, 그 코트에 진짜 팀워크가 자란다.

미국에서는 서로 조언을 주고받는 게 자연스럽다. "야, 이거 이렇게 해 보니까 훨씬 낫더라, 너도 한번 해 봐" 그렇게 말하는 게 어색하지 않다. 서로 잘되길 바라는 마음이 기본에 깔려 있다. 함께 훈련하는 시간이 훨씬 밀도 있게 흐른다.

하지만 한국에서는 분위기가 조금 다르다. 맞는 말을 해도 상대가 기분 나빠할까 봐 입을 닫는 일이 많다. 아니면 한마디 했다가 '자기가 뭐라도 되는 줄 아는 모양이지? 왜 나에게 이런 얘기를 해'라고 생각할까 봐 주저하기도 한다. 중요한 건 어떻게 말하느냐다. 같은 조언도 말투에 따라 도움이 될 수도, 상처가 될 수도 있다. 맞는 말이라도 기분 나쁘게 들릴 수 있다. 하지만 같은 말을 따뜻하게, 상대를 배려하는 마음으로 전하면 고마운 조언이 된다. 말하는 사람의 태도가 듣는 사람의 마음을 결정한다. 비난보다 조언을, 외면보다 공감을, 침묵보다 대화를 선택하라. 좋은 팀은 실력보다 먼저 태도에서 완성된다.

듣는 태도도 중요하다. 방어적으로 듣지 말고, 그 말 속에서 도움이 되는 부분을 찾으려 노력하라. 열 개 중 한 개라도 맞는 게 있다면, 그것만으로도 충분히 가치 있는 시간이다. 받을 줄 아는 사람이 되어야 주는 사람도 편하게 말할 수 있다.

실수했을 때는 서로 격려하라. "괜찮아요" "저도 그런 적 많아요"라는 한마디가 상대방의 마음을 편하게 만든다. 편한 마음으로 칠 수 있어야 더 좋은 플레이가 나온다.

함께 성장하는 분위기를 적극적으로 만들어 가라. 좋은 플레이를 봤을 때는 아낌없이 인정해 줘라. "와, 그거 정말 좋았어요!" 진심으로 칭찬하라. 그런 반응들이 쌓여야 서로 배우고 가르치는 분위기가 만들어진다.

가장 중요한 건 진심이다. 형식적인 칭찬이나 억지로 하는 격려는 오히려 어색하다. 정말 좋다고 생각할 때, 정말 응원하고 싶을 때, 그 마음을 솔직하게 표현하라. 그 진심이 통해야 진짜 관계가 시작된다.

수준과 품격이 느껴지는 커뮤니티를 만들어라

좋은 기분일 때, 좋은 태도를 보이는 건 누구나 할 수 있다. 하지만 진짜 중요한 건, 힘들고 불편한 순간에도 그 태도를 지켜 내는 것이다. 상황이 좋지 않아도, 상대가 날 실망하게 해도, 내 태도만큼은 흐트러지지 않게. 관계는 감정이 아니라 태도로 지켜지는 것이다.

멘털을 지켜 주는 것도 결국 사람이다. 테니스는 실수가 너무 많이 드러나는 운동이다. 아웃, 네트, 더블 폴트. 매 포인트의 실수가 점수로 바뀐다. 혼자 있으면 그 실수들이 더 크게 느껴진다. '나만 이렇게 못하나?' 하는 생각이 든다.

특히 포기하고 싶은 순간에는 더욱 그렇다. 아무리 연습해도 늘지 않는 것 같고, 다른 사람들은 다 잘하는 것 같고, 나만 제자리인 것 같을 때, 그럴 때 혼자라면 금세 포기했을 것이다. 하지만 함께하는 사람들이 있으면 다르다.

"요즘에 열정이 좀 식은 거 같아요. 다른 걱정도 많고…, 근데 다른 사람들은 다들 열심히 하고 잘하니까 불안하기도 해요."
"누구나 그럴 때가 있잖아, 하루하루 그저 버텨야 하는 날도 있지. 그러다 어느 날 돌아보면 또 열정적인 나를 만나겠지? 그래서 함께하는 사람들이 중요한 것 같아. 네 옆에 좋은 사람들이 많이 있잖아!"

이런 대화가 오가는 모임. 함께 힘든 순간을 버텨 주고, 서로의 성장을 진심으로 응원해 주는 관계. 그런 커뮤니티에서 테니스를 배우는 경험은 단순한 취미를 넘어서, 서로를 더 강하게 만든다.

공을 치는 실력만으로 수준을 가르지 말자. 함께 배우고 서로 돕고, 함께 성장하는 게 더 중요하다. 실력도, 품격도 그렇게 쌓인다. 사람들과 함께 성장하라.

This Week's Action Mission

"사람들과 함께
성장하는 분위기를 만들어라!"

- 좋은 플레이를 보고 진심으로 인정하고 구체적으로 칭찬하자.
- 실수로 주눅 들어 있는 파트너를 따뜻하게 격려하자.
- 조언을 전할 때, 말투와 태도를 의식하며 상대를 배려하자.
- 누군가의 피드백을 열린 마음으로 받아들이고 감사 인사를 전하자.

Week 51 테니스, 당신의 계절은 분명히 온다

"지금 당장은 조금 느리게 가는 것 같아도,
조급해하지 마라. 당신의 계절은 반드시 온다.
조금 늦어도 괜찮다. 남들과 비교하지 말고,
자신의 길을 가자.
테니스의 계절은 기다리는 자의 몫이다."

"정말, 되는 게 하나도 없어요. 그만해야 하나 봐요…."

어떤 날은 너무 속상해서 라켓을 집어 던지고, 코트에서 멀어지고 싶어진다. 그런데 이상하게도, 며칠 후면 또 라켓을 들고 있다. 다시는 안 하고 싶을 만큼 답답했는데, 어느새 다시 코트에 서 있는 자신을 발견하게 된다. 이 감정의 롤러코스터를 겪으며, 우리는 조금씩 성장한다. 테니스에는 다시 돌아오게 만드는 힘이 있다.

각자의 자리, 각자의 시간

20년 넘게 학생들을 가르치면서 확신하게 된 게 하나 있다. 성장에는 타이밍이나 정해진 방식이 없다는 것이다. 누가 봐도 눈에 띄게, 빠르게 변하고 성장하는 사람이 있다. 어떤 사람은 꾸준히, 아주 조금씩, 서서히 변하기도 한다. 본인조차 잘 느끼지 못할 정도로 속도는 더디지만, 분명 꾸준히 성장하고 있다.

반면 어떤 사람은 참 더디다. 몇 달을 봐도, 겉으론 별 변화가 없다. 그러다가 어느 날, '퍽!' 하고 터진다. 그 순간만 보면, '갑자기 늘었다'라고 착각할 수 있다. 하지만 얼마나 긴 시간과 노력을 들였는지 나는 안다.

당장 결과가 보이지 않아도, 조급함에 휘둘리지 않고 필요한 시간과 과정을 받아들일 줄 알아야 한다. 자신의 속도를 인정하고, 다른 사람과 비교하기보다 나아가는 방향에 더 집중하라.

"예전 같으면, 포인트를 계속해서 잃으면 그냥 멘털이 나갔을 텐데, 이제 '때려 봐라!' 하고 준비하니까 제가 치고 있더라고요. 그래서 '좋아지고 있구나' 하고 생각했어요."

"예전에는 잘 못 치거나 이기지 못하면 기분이 꿀꿀했어요. 그런데 요즘엔 그냥 재밌어요. 파트너가 실수해도 괜찮아요."

눈에 띄는 기술, 화려한 위닝 샷. 진짜 성장은 그런 데 있지 않다. 어제보다 조금 더 차분해진 마음, 한 번 더 뛰어 보려는 의지, 포기하지 않고 끝까지 해 보는 그 '자세'가 진짜 성장이다. 만약 상황을 받아들이고, 흔들림 없이 나만의 감정과 플레이를 지켜 내고 있다면, 승부에만 몰두하던 시야를 넓혀 테니스를 더 깊고 여유 있게 즐길 수 있게 되었다면 이미 당신은 성장하고 있는 것이다.

남과 비교하지 마라. 당신의 계절이 온다

사람마다 출발선이 다 다르다. 어떤 사람은 운동 경험이 풍부하고, 어떤 사람은 공 한 번 쳐 본 적 없이 시작한다. 다른 출발선에 서 있다는 것도 인정할 줄 알아야 한다. 시작점부터 달랐다는 걸 잊지 마라.

'왜 나는 안 늘지?' '저 사람은 나보다 늦게 시작했는데 벌써 저렇게 치는데…' 이런 생각이 들기 시작하면, 더 이상 자신의 성장에 집중할 수 없다. 남의 속도에 맞춰 자신을 재단하려 하면, 성장은 멈춘다. 비교해야 한다면, 어제의 나 자신과 비교하라. 자신의 속도를 인정하고, 내가 나아가는 방향에 더 집중하면 그만이다. 누군가의 시선에 흔들려 자신을 작게 만들지 마라. 결국 중요한 건, 남의 평가가 아니라, 어제보다 나아진 자신을 스스로 인정하는 태도다.

어쩌면 지금은 잘 안되는 시기일지도 모른다. 열심히 해도 늘 제자리 같고, 옆에 있는 사람들은 하나씩 단계가 올라가는 것처럼 보인다. 하지만, 테니스도, 삶도 결국은 똑같다. 성장은 속도의 문제가 아니라, 끝까지 버티는 마음의 문제다.

누구는 빠르고, 누구는 조금 늦을 뿐이다. 조금 늦는다고 해서 틀린 길을 가고 있는 건 아니다. 그저 계절이 다르게 오는 것뿐이다. 어느 날 문득, 갑자기 '팍' 하고 터지는 순간이 온다. 그 순간을 겪어 본 사람은 안다. 내가 그동안 쌓아 온 시간과 노력이 어디에도 허비되지 않았다는 것을! 그러니 조급해하지 말자. 조금 늦더라도, 결국은 반드시 온다. 그때를 위해 오늘도 한 번 더 라켓을 손에 쥐어 보자. 한 번 더 뛰어 보고, 한 번 더 시도해 보면 된다. 그리고 자신에게 이렇게 말해 보면 좋겠다.

"다음은 내 순서야."

기다림이 길어질수록, 그 순간이 더 소중해지고 그 순간에 느끼는 기쁨은 더 커진다. 테니스에도, 당신의 계절이 분명히 온다. 그리고 그 계절이 오면 알게 된다. 기다린 시간만큼, 흔들렸던 마음만큼, 지금의 내가 얼마나 단단해졌는지를!

This Week's Action Mission

"테니스, 나의 계절을 준비해 보자!"

- 남과 비교하는 마음이 올라올 때, 내 속도를 믿어 보자.
- 눈에 보이는 변화가 없더라도 끝까지 훈련해 보자.
- 자신을 격려하는 말을 하루 한 번 이상 해 보자.
- 남과 비교하지 말고, 어제보다 더 나은 내 모습을 찾아 보자.
- 다른 사람의 성장을 보며 조급해지기보다, 내 속도에 집중하자.
- 당장 눈에 보이는 성과가 없어도, 오늘 훈련을 끝까지 마무리하자.
- 오늘 내가 느낀 작은 변화 한 가지를 기록해 보자.
- 나의 꾸준함과 태도를 칭찬하자.

Week 52 삶에 도움이 되는 테니스를 즐겨라

"테니스는 단순한 스포츠가 아니라
삶을 바라보는 태도를 훈련하는 운동이다.
승부에만 목숨 걸지 마라. 삶에 도움이 되는
테니스를 즐겨라."

테니스를 잘하고 싶은 마음은 누구나 같다. 하지만 그 마음이 어느 순간부터 집착으로 바뀌고, 내 삶에 스트레스만 남긴다면, 그건 분명히 잘못된 방향이다. 테니스는 본래 삶을 더 풍요롭게 하고, 내가 하는 일과 일상에 활력을 주는 운동이어야 한다.

하지만, 많은 동호인이 '프로처럼 해야 한다'라는 강박에 빠져 있다. 이기고 싶다는 마음, 잘하고 싶다는 욕심이 점점 커지면서, 어느 순간 운동의 본질을 덮어 버린다. 테니스를 치면서 즐겁고, 삶에 도움이 된다면 그걸로 충분하지 않을까? 그게 이 운동의 가장 본질적인 목적이다.

승리에만 집착하고, '왜 난 안 될까'라는 생각에 자신을 몰아세우고, 결국 테니스를 시작할 때 가졌던 즐거움과 설렘은 사라진다. 실력이 늘어도 행복하지 않은 사람들을 나는 정말 많이 봤다.

테니스는 정말 좋은 운동이다. 하지만 이상하게 과해지면, 엉뚱하게 사람을 바보로 만들기도 한다. 테니스는 내가 더 건강하고 단단해지도록 돕는 도구여야 한다. 그 이상도, 그 이하도 아니다. 미쳐 본 사람은 다르다. 눈빛부터 살아 있고, 작은 발전에도 진심으로 기뻐한다. 어려움도 즐기며 받아들이고, 더 배우고 싶어 한다. 테니스 얘기만 해도 눈이 반짝인다.

반면, 안 미쳐 본 사람은 조금만 어려우면 쉽게 포기하고, 왜 이 운동을 하는지 큰 의미를 찾지 못한다. 몰입하지 못하니 재미도 없고, 테니스가 삶의 에너지가 되지도 않는다.

특히 프로 선수들은 테니스에 제대로 미친 사람들이다. 하루 8시간씩 연습하고, 식단 관리를 하고, 컨디션을 조절하며 테니스 말고는 다른 생각을 하지 않는다. 온 세상이 테니스다. 그래야 한다. 프로는 그렇게 미쳐야 살아남는다.

하지만 우리는 다르다. 가정이 있고, 일이 있고, 책임져야 할 일상이 있다. 프로처럼 모든 걸 걸고 완전히 미칠 수는 없다. 그래서도 안 된다. 그렇다면 적당히 해야 할까? 아니다. 미치되 '곱게 미쳐야' 한다.

곱게 미친다는 것은 선을 넘지 않으면서도 최대한 깊이 몰입하는 것이다. 예의를 지키고, 주변을 배려하며, 자신의 삶과 균형을 맞추면서도 테니스에 마음을 다하는 태도가 중요하다.

강도 높은 훈련과 반복을 버티려면, 그냥 좋아하는 마음만으론 턱없이 부족하다. 좋아하는 마음으로 시작할 수는 있지만, 계속 가려면 '미쳐야' 한다. 진짜로 미치면, 강렬한 햇살은 나를 괴롭히는 공격이 아니라, '이 따가운 햇볕도 나를 성장시키는 훈련 도구야'라고 느껴진다. 마음가짐 하나 바뀌었을 뿐인데, 세상이 나를 돕는 것 같다.

모든 걸 포기하라는 이야기가 아니다. 다만, 테니스에 할애한 시간만큼은 제대로 미쳐 보자. 그 시간만큼은 온전히 몰입하고, 품격 있게 빠져 보자. 내 생활에 도움이 되는 방식으로 이 운동을 즐겨야 한다. 하루의 시작에 테니스가 엔도르핀이 되고, 내가 하는 일에 좋은 활력을 불어넣을 수 있다면, 그걸로 충분하다. 아마추어라면, 그게 운동의 진짜 목적이 되어야 한다.

당신에게 테니스는 무엇인가?
바쁘고 지친 일상에서 잠시 숨을 고르고 웃게 해 주고,
오랜 시간 루틴하게 지내왔던 일상에 새로운 자극이 되어 주고,

작은 도전을 이어 가며 성장할 수 있게 해 주고,

끊임없이 좌절하는 나에게 또 한 번 일어날 힘이 되어 주고,

좋은 사람들을 만나 소중한 추억을 만들게 해 주고,

그렇게 내일을 향해 또 한 걸음 내딛게 해 주는 친구

당신에게 테니스는 그런 친구인가? 그렇다면, 당신은 지금 제대로, 곱게 미치고 있는 중이다. 그리고 그건, 삶에 도움이 되는 가장 멋진 테니스다.

> **This Week's Action Mission**

"테니스, 나의 계절을 준비해 보자!"

- 테니스가 내 삶에 준 '작은 선물' 한 가지를 떠올려 보자.
- 나만의 테니스는 무엇인지 생각해 보자.
- 삶에 도움이 되는 테니스 철학을 한 문장으로 적어 보자.
- 내가 닮고 싶은 '테니스 태도'를 가진 사람을 떠올려 보자.
- 곱게 미치는 나만의 방법을 고민해 보자.